KB131546

스크린으로 만나는

한반도

손안의 통일 ⓫

스크린으로 만나는 한반도

: 한국 영화 속 분단 이야기

강성률 지음

통일부
국립통일교육원

이 책은 국립통일교육원과 열린책들이
함께 기획·제작했습니다.

일러두기

• 이 책은 평화·통일 교육 참고 자료로 활용하기 위해 외부 전문가에 의해 제작된 것으로,
통일부의 공식 견해가 아님을 밝힙니다.

이 책은 실로 꿰매어 제본하는 정통적인 사철 방식으로 만들어졌습니다.
사철 방식으로 제본된 책은 오랫동안 보관해도 손상되지 않습니다.

이 책은 친환경 인증 용지에 콩기름 잉크로 인쇄했습니다.
표지 유니트 화이트 209g/㎡ **본문** 친환경미색지 95g/㎡ **면지** 뉴칼라 68 차콜색 128g/㎡

〈손안의 통일〉 시리즈를 발간하며

어느덧 찬바람이 느껴지는 12월입니다. 시간은 정직하게 흘러 올해도 어김없이 북한산 자락에 겨울이 찾아왔습니다. 움츠러드는 우리들의 마음을 따뜻하게 녹여 줄 소식들이 어서 찾아오기를 기다리지만, 팬데믹은 여전히 지속되고 있습니다. 그래도 마른 풀 시든 꽃 사이에서 새싹이 움트듯 언젠가는 일상으로 돌아가리라는 희망을 간직하고 있습니다.

지금 세계는 인류사적 대전환기에 직면해 있습니다. 코로나19로 인해 그 방향성과 속도를 예측하기가 더욱 어려워졌습니다. 시시각각 소용돌이치는 불안정한 국제정세를 지켜보며, 평화·통일 교육에 몸담은 입장에서 일상의 평화에 대해 생각해 보게 됩니다.

코로나 팬데믹 이전 우리가 누리던 일상은 과연 〈진정〉 평화로운 일상이었을까요? 우리는 분단 70여 년을 살아오면서 민주주의와 경제 성장, 문화 부흥 등 많은 것을 이루었지만, 이러한 성장 동력을 지속적으로 유지하고 희망찬 미래를 건설하기 위해서는 좀 더 〈완전한 평화〉가 필요합니다.

한반도의 완전한 평화와 항구한 번영을 염원하는 마음으로 올해도 〈손안의 통일〉 시리즈를 발간합니다. 이번 〈손안의 통일〉 역시 인문학적 관점에서 평화·통일을 생각해 볼 수 있도록 생태·여행·영화 등 우리의 삶과 밀접한 주제를 선정했습니다. 이 작은 책이 여러분 삶의 자리 가까운 곳에서 끊임없이 통일에 대해 일깨우고, 평화를 염원하며 창조적 미래를 꿈꾸게 하는 길잡이가 되길 바랍니다.

평화로운 한반도에 대한 상상과 희망이 끊어지지 않고 계속해서 이어진다면, 언젠가 우리는 그 길을 따라 그곳에 도달할 수 있을 것입니다. 〈손안의 통일〉이 그 길을 밝힐 수 있는 길잡이가 되기를 바랍니다. 경험해 보지 못했던 지난 2년의 길고 단절된 차가운 시간이 언젠가 끝나리라는 희망

처럼, 이 책을 읽는 독자들의 마음에 진정한 평화·통일을
향한 희망이 굳건하게 자리 잡기를 바랍니다.

감사합니다.

2021년 12월

국립통일교육원장 백준기

머리말

영화는 정치적이다. 이 말을 어떻게 이해해야 할까? 영화가 특정 정치적 입장을 담고 있다는 것으로 해석해야 하나? 단순하게 보면 그렇게 해석할 수도 있지만, 그보다는 영화는 대중문화이기 때문에 필연적으로 그 시대의 주류적 이데올로기를 담지 않을 수 없는 운명에 처해 있다는 해석이 더 정확할 것이다. 탁월한 구조주의자 롤랑 바르트가 이미 설파했듯이, 대중문화에는 동시대 대중이 지니고 있는 신화가 담지되어 있는데, 여기서 신화는 주류 이데올로기의 다른 표현이다. 이것이 정치적인 이유는 주류 이데올로기에 포함되지 않은 이들을 대중문화가 소외시키기 때문이다. 지금 나는 소외라고, 매우 점잖은 표현을 사용했지만 실은 차별과 배제까지 거침없이 행하기도 한다. 대중문화가 〈차별과 배제까지 거침없이 행하기도 한다〉라는 말에 대해 설마 그렇게까지 하겠느냐는 의문을 가질지도 모르겠다. 그러나 당장 영화에서 조선족을 어떻게 재현하고 있는지 살펴보면 우리 시대 대중이 지니고 있는 조선족에 대한 주류 이데올로기를 이해할 수 있을 것이고, 그 이데올로기가 얼마나 폭력적인지도 금방 깨닫게 된다.

분단이라는 특수한 상황을 현재형으로 겪고 있는 상황은 또 어떠한가? 분단이라는 단어는 단지 한 나라가 두 나라로 갈라져 있는 상황만을 의미하지 않는다. 폭력적 식민 제국주의를 겪고 해방이 되었지만 극심한 좌우 대립 속에서 나라가 분단되었고, 이 분단은 다시 동족상잔의 비극인 한국전쟁을 불러왔다. 비극에는 피해자가 있기 마련이다. 남과 북은 분단과 전쟁의 책임을 서로에게 전가하면서 이념적으로 치열하게 대립했고, 이런 극단적 대립과 그 대립에 토대를 둔 원한에 기대서 공히 남과 북에서는 독재 정권이 들어섰다. 이데올로기를 내세운 독재 정권은 남과 북이 내세운 이념과 정책에 동조하지 않는 이들을 포용하지 않을 뿐 아니라 국가의 법으로 억압했다. 정신적 감금은 물론이고 신체적 감금도 서슴지 않았고 심지어 민간까지 나서서 단체로 사람들을 죽이기까지 했다.

이렇게 가혹한 시간을 보내면서 남과 북은 서로를 이해

하는 것이 더욱 어려워졌다. 심지어 이데올로기가 대립하는 남남 갈등도 치유하기 어려운데 어떻게 남북 갈등을 치유할 수 있겠는가? 서로를 이해하려는 노력이 오히려 각 체제로부터 억압받으면서 그런 움직임조차 금기시되었다. 그리고 각 체제는 자신들 체제의 우월성을 선전하기 위해 영화를 동원했다. 이때의 영화는 바르트가 거론한 영화와 정확히 일치한다. 자신들 체제의 우월성을 홍보하는 영화. 북한으로 한정하면 김일성 중심의 체제를 홍보하는 선전 영화이고, 남한으로 한정하면 자본주의를 적극적으로 홍보하면서 공산주의를 적이자 악으로 규정한 반공 영화다. 해방 후 특정 기간 동안 반공 영화는 남한의 공식적인 입장이고 이데올로기이며, 선이고 추구해야 할 목표였다. 아무도 반공 영화의 컨벤션을 거부할 수 없었다.

반공 영화가 무서운 것은 분단과 전쟁의 트라우마를 자극해서 개인들을 반공의 틀 안에 가두기 때문이다. 이렇게 반공의 틀 안에 갇힌 개인은 다른 사유를 할 수가 없다. 그들이 할 수 있는 것은 오로지 그 틀 안에서 국가의 눈치를 보며 살아가는 것뿐이다. 그러고 보면 독재가 가능했던 배경에는 영화의 힘도 크게 작용했다는 사실을 인정해야 한다. 개인의 사유까지 제한하는 영화, 그 영화를 통해 개인

머리말

의 신체적 구금은 물론 정치적 입장까지 한정했다. 한국 영화사라는 틀을 통해 현대사를 봤을 때 반공 영화의 힘이 약해진 것은 민주화 시기 이후라고 할 수 있는데, 그런 시기는 1980년대 중후반의 민주화 운동이 결실을 맺기 시작한 시기와 정확히 일치한다. 이데올로기와 영화는 이렇게 떼려야 뗄 수 없는 관계에 있다.

다행스럽게도 민주화 시기 이후 한국 영화계는 반공 영화의 이항 대립과 적대 정책을 단순하게 반복하지는 않았다. 영화를 통해 분단과 전쟁이 개인을 어떻게 규율했는지 살피려 했고, 그런 규율이 사회적으로 얼마나 가혹하게 작동했는지, 그렇게 개인을 옭아맨 것이 분단국가의 이데올로기라는 것을 말하기 시작했다. 그리고 분단의 억압에서 벗어나고 분단 상황을 넘어서기 위해서 개인과 사회가 무엇을 어떻게 해야 할지 거론하기 시작했다. 이런 흐름을 반공 영화와 달리 〈분단 영화〉라고 부르고 싶다. 그러니까 분단 영화는 반공 영화와는 다른 개념으로 분단의 원인을 분석하고, 분단이 어떻게 진행되었으며, 그 과정에서 어떻게 국가가 개인에게 폭력을 가했는지, 그런 폭력과 트라우마를 어떻게 극복할 것인지, 결국 분단을 넘어 통일을 어떻게 추구할 것인지 묻는다. 이렇게 보면 분단 영화와 반공 영화는 상반되는 개념 같지만, 크게 보면 분단 영화라는 개념 안에 반공 영화가 포함된다고 할 수 있다. 분단으로 인해 발생한 모든 상황을 그린 영화가 분단 영화라면, 분단에 대한 여러 입장 가운데 반공을 강하게 주장하는 영화가 반공 영화다.

반공 영화와 분단 영화는 공히 우리가 살아온 역사다. 반공 영화는 독재 정부의 정책을 일방적으로 홍보하는 것 같지만, 결코 그렇지 않다. 반공 영화 속에 그려진 선과 악의 대립과 극단적 대결 구도를 당시 많은 대중이 받아들였다. 대중문화인 영화는, 비록 선전 영화라고 할지라도 대중이 전혀 동의할 수 없는 이념과 내용을 그리지 않는다. 영화는 당시 대중의 신화인 주류 이데올로기를 담고 있다는 것을 상기해야 한다. 그래서 반공 영화가 득세했던 시기는 그런 이념이 주류였던 대결 시대였음을 인정해야 한다. 반공 영화가 현대사의 교과서가 될 수 있는 것도 이 때문이다. 지금 보면 서사도 단순하고 캐릭터도 진부하기 짝이 없지만, 그것이 당시 사람들이 수용할 수 있는 남북에 대한 인식의 한계였다는 것을 기꺼이 인정해야 한다.

이 책은 2000년대 이후의 영화들 가운데 분단과 전쟁을 소재로 삼은 영화들을 주로 다루었다. 그러니까 반공 영화가 더 이상 힘을 발휘하기 어려운 시기의 영화들을 다루었다는 말이다. 그렇다고 이 시기에 반공 영화가 만들어지지 않았던 것은 아니다. 보수적인 정권이 등장했으니 당연히 반공 영화가 존재했다. 그러나 전반적으로 2000년대 이후의 영화는 분단 영화에 포함되고, 반공 영화라고 하더라도 크게 힘을 발휘하기 어려웠다. 남과 북에 대한 대중의 인식이 변화했다는 것을 영화가 증명하고 있는 것이다.

영화를 통해 분단의 재현 방식을 살펴보고 서로에게 여전히 존재하는 적대감을 어떻게 포용할 것인지, 그렇게 해서 결국 어떻게 통일을 이루거나 한반도에 평화를 정착시킬 수 있을지 알아보려 했다. 한 가지 염두에 둘 점은 영화는 대중문화이기 때문에 구체적인 방법을 제시하지 못한다는 것이다. 가령 과거의 일을 재현할 때에는 구체적일 수 있지만 미래의 평화와 통일을 제시할 때는 부분적이거나 메타포적일 가능성이 높다. 그럼에도 우리가 영화를 통해 배워야 할 점이 있다. 영화는 대중의 주류 이데올로기를 반영하기 때문에 동시대 사람들의 생각의 파편들을 읽을 수 있으며, 그 파편을 통해 미래의 우리 모습을 예측할 수 있다는 것이다. 이 책을 쓰면서 즐거웠다면 아마도 이 때문일 것이다.

원래 이 책은 통일부에서 기획한 케이무크kmooc의 한 과정으로 시작되었다. 국립통일교육원으로부터 영화를 통해 분단과 평화를 고찰하는 기획을 하면 어떻겠느냐는 제안을 받고 기쁜 마음으로 시작했다. 관객들에게 익숙한 2000년대 이후에 개봉한 영화들을 여섯 개의 카테고리로 나누어, 영화가 어떻게 분단을 그리고 있는지 살펴보았다. 두 편의 글은 이미 작업해 두었던 것이라 약간의 수정을 가하면 되었지만, 나머지는 새로 써야 했기에 시간이 꽤나 들었고 촬영을 하면서도 쉽지 않았다. 모든 작업이 끝난 줄 알았지만, 국립통일교육원에서 단행본으로 출간하자고 해서 다시 작업을 진행했다. 이 책을 쓰면서는 다른 책 작업에 비해 그리 괴롭지 않았다. 아마도 영화를 통해 내가 우리 사회에 기여한다는 생각을 했기 때문인데, 작업을 하며 내가 느꼈던 즐거움을 이제는 독자들에게 드리고 싶다. 책을 읽는 분들도 분명 즐거울 것이라고 확신한다.

2021년 11월
불암산이 보이는 연구실에서
강성률

차례

1장

분단의 내홍함과 비극적 죽음

: 「쉬리」, 「공동경비구역 JSA」, 「웰컴 투 동막골」

1
대중 영화는 집단(무)의식의 반영

단연코 영화의 가장 큰 특징 가운데 하나는 대중 매체mass media라는 점이다. 여기서 대중 매체는 영화가 불특정 다수의 대중을 상대로 하는 매체라는 의미인데, 이는 곧 많은 수의 대중이 동시에 향유하고 즐기는 매체라는 뜻이다. 영화는 그 어떤 매체보다도 대중 매체적 특징을 지니고 있다. 약간 과장하자면, 영화는 여러 대중 매체 가운데서도 가장 대중적인 매체라고 할 수 있다. 나는 아직까지 영화보다 더 많은 대중을 상대로 하는 매체(그야말로 대중 매체!)를 본 적이 없고, 영화보다 더 큰 힘을 지닌 대중 매체를 본 적이 없다.

영화가 얼마나 힘 있는 대중 매체인지 알아보기 위해 약간 우회해 보기로 하자. 대한민국에서 가장 인기 있는 스포츠인 프로 야구의 1년 총 관중이 얼마라고 생각하는가?

관중석을 꽉 채운 잠실 야구장은 그야말로 열광의 도가니지만, 고작해야(?) 2만 4,700명밖에 되지 않는다. 가장 관중이 많이 들었다는 2019년 시즌 정규 리그의 관중은 총 728만 6,800명이다. 엄청나게 많아 보이지만, 영화 「명량」(김한민, 2014)은 1,761만 5,686명의 관객을 동원했다. 정규 리그 총 관중의 거의 2.5배. 더 놀라운 것은 프로 야구는 1년 내내, 정확히 말하자면 3월 말부터 10월 말까지 7개월 동안 〈전체〉 구단이 동원한 인원이지만, 「명량」은 단 한 편이 거의 한 달 동안 동원한 관객의 수다. 자, 어느 쪽이 더 대중 매체적인가? 어느 쪽이 더 대중 매체적 힘을 지니고 있다고 생각하는가?

때문에 영화를 연구할 때, 이 부분을 결코 무시할 수 없다. 물론 영화는 과학 기술의 산물이므로 테크놀로지에 대해서도 공부해야 하고, 예술적 특성이 있으므로 미학적인 부분도 공부해야 하지만, 그 모든 것을 넘어서서 천만 명 이상이 같은 영화를 본다는, 이 무시무시한 사회성에 대해 반드시 공부해야 한다. 그만큼 영화는 그 어떤 매체보다 사회적 파급력이 강하다. 불법 다운로드가 판을 치는 대한민국에서 천만 명 이상을 동원한 영화가 해마다 서너 편씩 등장하고 있는 현실. 그렇다면 영화에 대한 연구는 무엇보다 먼저 왜 이토록 많은 이들이 영화를 관람하는지, 그들은 영화에서 무엇을 보는지 분석하는 데 치중해야 할 것이다.

이런 분석을 하기 전에 반드시 숙지해야 할 점이 있다. 영화가 천만 명 이상의 관객을 동원하기 위해서는 그 시대 대중이 욕망하는 〈그 무엇〉을 담아야 한다는 것이다. 대중의 욕망에 부합하지 않는 영화는 흥행에 실패하기 마련이다. 남녀노소, 지역, 종교, 계급, 이념 등에 따라 갈기갈기 찢긴 대한민국에서 한 편의 영화가 천만 명 이상을 동원하려면 대다수가 공감할 수 있는 〈그 무엇〉이 영화 속에 반드시 담겨 있어야 한다. 이것을 통상적으로 동시대 사람들이 지니고 있는 집단(무)의식collective (un)conscious이라고 칭할 수 있겠다. 여기서 말하는, 보편적 (무)의식〔普遍的 (無)意識〕이라고도 할 수 있는 집단(무)의식은 정신분석학적 개념이지만 오히려 사회학적인 개념에 가까운데, 동시대 사람들이 공유하고 있는 사회적인 〈그 무엇〉이라고 칭하고 싶다. 그래서 영화를 보면 그 시대를 살아가는 개인들의 사고와 생각이 아니라 대중이 욕망하는 것을 알 수 있다. 한 영화 사회학자는 이런 개념을 아래와 같이 설명했다.

우리는 개개인의 삶과 정치를 완전히 별개의 문제로

생각하는 것처럼, 영화와 사회를 전혀 별개의 패러다임으로 치부하는 경향이 있다. 그러나 대중 영화가 흥행이라는 목표를 위해 대중에게 어필하는 영화를 지향할 수밖에 없을 때, 그 시대의 욕망과 무의식, 역사적 트라우마와 사회적 증후는 어떤 형태로든 끌려 나오기 마련이다.[1]

내가 거론한 사회적 집단(무)의식을 김경욱은 〈욕망과 무의식, 역사적 트라우마와 사회적 증후〉로 세분해서 표현했는데, 나는 이것이 같은 말이라고 생각한다. 좀 더 구체적으로 설명해 보자.

가령 한국 영화가 베트남 전쟁을 어떤 방식으로 재현할 것인지 질문하면, 〈대중에게 형성되어 있는 집단 기억과 집단 욕구가 곧 수익 창출로 이어지〉기에 〈영화는 베트남 전쟁에 대한 서사를 전개하면서 한국 사회에서 가장 지배적인 집단 기억을 토대로 서사를 꾸려〉[2] 나갈 것이라고 답하게 된다. 여기서 〈가장 지배적인 집단 기억〉은 사회적 집단(무)의식과 같은 의미라고 생각한다.

1   김경욱, 『나쁜 세상의 영화사회학: 21세기 한국 영화와 시대의 증후』, 강, 2012, 7면.
2   권현정, 「영화 〈님은 먼 곳에〉에 드러난 베트남 전쟁의 젠더 재현 양상 연구」, 『여성학연구』 26권 1호, 2016, 48면.

만약 어떤 나라에 대해 알고 싶다면 나는 먼저 그 나라의 대중 영화를 보라고 권한다. 그 나라의 영화를 보면 그 나라의 동시대 관객들이 욕망하는 것을 한눈에 파악할 수 있기 때문이다. 그들이 살아가는 방식, 예절, 사회적 소통 방식 등이 모두 영화 속에 들어 있다. 이를 통해 현재의 대중이 어떻게 살아가는지, 그리고 그런 대중이 무엇을 욕망하는지 파악할 수 있다는 말이다.

이렇게 영화의 대중성에 대해 길게 논하는 것은 영화가 동시대 관객들의 집단(무)의식적 욕망을 담고 있다는 점을 거듭 강조하기 위해서다. 이런 시각에서 남한 사람들이 북한에 대해 지니고 있는 집단(무)의식적 사고들을 파악하고자 한다면 당연히 남한의 대중 영화를 관람해야 한다. 영화 속에 드러난 북한 재현을 통해 남한 사람들이 북한에 대해 어떻게 사고하는지 알 수 있다는 말이다. 이때 중요한 것은 남한 영화에 재현된 북한은 남한 사람들이 생각하고 욕망하는 집단(무)의식적 (북한에 대한) 사고의 표출이자 표상이지, 북한의 실상은 아니라는 점이다. 이것이 정말 중요하다. 영화는 객관적인 매체가 아니다. 사실 객관적인 매체는 존재할 수도 없다. 다만 영화를 통해 남한 사람들이 주관적으로 생각하는 북한에 대한 사고의 표상을 읽을 수 있을 뿐이다. 가령 영화「똘이 장군」(김청기, 1978)에서 북한의 김일성은 붉은 돼지로, 북한의 지배 계급은 늑대와 여우로, 북한의 인민들은 가난과 폭정에 시달리는 백성으로 그려져 있다. 이런 설정은 당연히 남한이 집단적으로 표상한 북한의 모습이고, 이런 표상을 통해 우리는 1978년이라는 극단적 대립의 시기에 남한이 북한을 어떻게 바라보았는지 이해할 수 있다. 극단적 이데올로기 대립의 산물인 반공영화에 대한 이해와 분석 역시 같은 방법으로 진행되어야 한다.

이 장에서는 2000년대를 전후해서 북한을 재현한 영화들 가운데 대중적으로 많이 알려지고 크게 흥행한 영화들을 중심으로 북한을 어떻게 재현했는지 살펴보려고 한다. 텍스트로 삼은 영화는 582만 명을 동원한「쉬리」(강제규, 1999), 579만 5,820명을 동원한「공동경비구역 JSA」(박찬욱, 2000), 643만 6,900명을 동원한「웰컴 투 동막골」(배종, 2005) 등이다. 2000년을 전후한 시기에 이 영화들은 대한민국 영화 흥행 기록을 새롭게 작성했다.

개봉 당시「쉬리」는「타이타닉」(제임스 카메론, 1997)의 국내 흥행 기록을 깼을 정도로 엄청난 관객을 불러 모았고, 「공동경비구역 JSA」도「쉬리」와 맞먹는 흥행 기록을 세웠으며, 「웰컴 투 동막골」은 두 영화보다 더 많은 관객을 끌어들였다. 이처럼 엄청난 흥행을 기록했다는 것은 당시 대중이 영화 속 북한 재현에 대해 동의했다는 것을 의미한다. 그렇다면 이들 영화가 어떻게 북한을 그렸는지 살펴보는 것이 순서일 것이다.

2
캐릭터 설정과 북한 재현 방식

당시로서는 구경하기 힘들었던 첩보 액션을 내세운 영화 「쉬리」는, 어떻게 보면 극단적으로 또는 냉전적 사고로 북한을 그렸다고 할 수 있다. 줄거리는 이렇다. 중원(한석규)과 장길(송강호)은 비밀 정보기관 OP의 최정예 특수 요원인데, 그들의 활동에 문제가 발생한다. 그들이 만나려고 했던 사람들이 북한의 특수 요원 이방희(김윤진)에게 저격당한 것이다. 설상가상으로 이방희의 특수 교관이었던 박무영(최민식)이 북한 특수 8군단과 함께 내려와 국방부에서 개발한 CTX를 탈취한다. CTX는 폭발하면 반경 1킬로미터 이내가 초토화될 정도로 어마어마한 화력을 자랑하는 특수 무기다. 박무영은 서울의 열 군데에 CTX를 설치했다고 하면서 그중 한 곳을 알려준다. 이를 20분 내에 막아야 하지만 결국 폭발하면서 피해가 커진다.

이러한 설정은, 북한은 남한의 안전을 위협하는 적이라는 냉전적 사고를 그대로 재현한 것이라고 할 수 있다. 물론 감독은 영리하게도 북한의 주석이 남한의 축구장에 와서 남한과 북한이 월드컵을 통해 평화의 길로 갈 것이라고 하지만, 주요 서사에서는 일부 군인들이 상부의 명령을 거부한 채 남한으로 내려와 테러를 일삼는 것으로 그려 놓았다. 그래서 관객들이 보는 것은 고도의 훈련을 통해 〈살인 병기〉가 된 특수 요원들의 무자비한 암살과 테러. 이러한 모습은 오프닝 장면에서 매우 선명하게 드러난다. 영화는 북한의 특수 8군단이 잔혹한 훈련을 받는 충격적인 장면으로 시작하는데, 그들은 훈련 중에 살아 있는 사람도 아무렇지 않게 죽인다. 심지어 동료마저 죽인다. 그렇게 훈련을 받은 살인 병기들이 남파되어 남한 요인을 암살하면서 대한민국 사회를 불안으로 몰아넣는다. 이러한 북한 재현은 이후 수많은 영화에서 반복·재생되었다. 북한에서 내려온 이들을 지독한 훈련을 받은 살인 병기로 재현하는 방식은 지금도 여전하다.

「쉬리」보다 불과 6개월 뒤에 나온 「공동경비구역 JSA」는 「쉬리」와는 전혀 다른 방식으로 북한을 재현하고 있다. 제목에서 알 수 있는 것처럼, 배경은 판문점의 공동경비구역이다. 영화는 이곳에서 발생한 살인 사건을 수사하기 위해 중립국감독위원회 소속의 한국계 스위스인 소피 장 소령(이영애)이 도착하는 것으로 시작된다. 그러니까 영화는 살인 사건의 원인과 범인을 밝히는, 미스터리 드라마 형식으로 전개된다. 어느 날 북한군 초소에서 정우진 전사(신하균)와 최 상위(김명수)가 살해되고 오경필 중사(송강호)가 부상을 당하는 사건이 일어난다. 남한에서는 이수혁 병장(이병헌)이 총상을 입은 채 군사 분계선 앞에 쓰러져 있다. 남과 북은 이 사건에 대해 각자 다른 주장을 한다. 남한 정부는 이수혁이 북한군에 의해 납치되었다가 탈출했다고 발표하고, 북한 측은 남한의 이수혁이 갑자기 쳐들어와서 총격을 가했다며 남한 측을 비난한다.

이 같은 설정만 보면, 남한과 북한 사이의 극도의 긴장을 그렸다고 할 수 있지만, 영화가 진행되면서 뜻밖의 비밀이 드러나게 된다. 플래시백으로 처리된 과거로 돌아가면, 비무장지대를 수색 중이던 이수혁이 지뢰를 밟아 대열에서 낙오한다. 이때 북한군 오경필과 정우진의 도움으로 목숨을 건진다. 이 일을 계기로 이수혁은 보초를 서는 시간에 군사 분계선을 넘어 그들을 만나러 가게 되고, 양측 병사들은 친해진다. 그러던 중 북한군 최 상위에게 발각되면서 예상치 못하게 총격전이 발생한 것이다.

영화의 핵심은 총격전이 발생하기 전에 형과 아우로 친하게 지내던 젊은 남북한 병사들의 우정이다. 분단의 최전선에서 대치하는 적과 우정을 쌓는, 어떻게 보면 극단적인 설정이지만 영화에서는 매우 힘 있게 그려진다. 이후 등장한 영화 가운데 남한과 북한 사람이 친구가 되거나 친밀한 사이가 되는 영화들은 대부분 「공동경비구역 JSA」에 신세를 지고 있다고 해도 과언이 아니다.

「웰컴 투 동막골」의 장르는 코믹 판타지라고 할 수 있다. 유머를 토대로 하면서 현실에서 일어날 수 없는 판타지적 상황을 설정해 놓았다는 점에서 그렇다. 영화의 시간적 배경은 한국전쟁이 한창이던 1950년 10월에서 11월까지이고, 공간적 배경은 태백산맥 줄기를 타고 함백산 골짜기 속에 자리 잡은 마을 동막골이다. 맥아더의 인천상륙작전으로 북한군이 후퇴하는 상황에서 인민군 병사 리수화(정재영) 일행은 어쩌다 동막골로 들어오게 되고, 탈영한 국군 병사 표현철(신하균)과 문상상(서재경)도 길을 잃고 동막골로 들어오게 된다. 그뿐만이 아니다. 마을에는 연합군 병사 스미스(스티브 태슐러)도 들어온다. 그는 남북 병사들이 도착하기 직전에 추락한 미군 전투기에서 겨우 살아남

「웰컴 투 동막골」의 한 장면. 영화의 무대가 되는 동막골은 분단되기 이전의 한민족, 곧 원시적 민족 공동체의 알레고리다. © SHOWBOX

은 터였다. 우연처럼 국군, 인민군, 연합군의 병사들이 동막골에 모이게 되면서 긴장감은 극도로 고조된다. 이렇게만 보면 동막골은 한국전쟁의 축소판이다. 국군과 인민군, 연합군이 모두 모였으니 당연히 그렇게 생각할 수 있다.

그러나 동막골은 이런 설정을 단번에 뒤집어 버린다. 아이들처럼 막 살라고 해서 붙여진 이름처럼 동막골은 바깥 세상의 질서와는 거리가 먼 동네다. 그들은 남북이 분단된 사실도 알지 못하고 심지어 전쟁이 일어난 줄도 모른다. 나라가 분단된 것도 몰랐으니 왜놈이나 되놈이 쳐들어왔냐고 물을 정도다. 매우 단순한 설정이지만, 동막골은 분단 이전 원시적 민족 공동체의 알레고리다. 그러니까 분단되기 이전의 한민족을 동막골이라는 장소로 환원해 놓은 것이다. 그래서 동막골 사람들은 주로 흰색 한복을 입고 전통적인 놀이를 즐긴다. 노인을 공경하고 노소와 남녀가 각자의 역할에 충실하면서 평화롭게 살아간다. 이런 마을에 국군과 인민군, 연합군 병사가 찾아온 것인데, 그들도 곧 동막골 사람들과 어울려 지내면서 서로에 대한 적개심마저 잊어버린다.

마을의 이런 특징을 가장 잘 보여 주는 인물은 여일(강혜정)이다. 좋게 말하면 가장 순수한 인물이고 나쁘게 말하면 정신이 온전하지 않은 여인이지만, 바로 그렇기 때문에 그녀는 욕심이나 탐욕이 없다. 남한과 북한이 전쟁을 벌인 것도 결국은 탐욕이나 욕심 때문이 아니겠는가. 그래서 나중에 여일이 죽었을 때, 국군, 인민군, 연합군 병사 스미스는 힘을 합쳐 여일을 죽인 연합군과 싸우게 된다.

「웰컴 투 동막골」은 남한과 북한을 모두 인간적으로 그렸다. 탈영한 국군 병사와 퇴각하는 인민군 병사라는 실패한 인물들이 등장하고, 게다가 그 인민군 병사는 우리에게 익숙한 북한의 이미지인 살인 병기와는 거리가 멀다. 이 점에서 「웰컴 투 동막골」의 북한 재현은 매우 색다르고 의미가 있다고 할 수 있다.

3
각기 다른 갈등 해소 방안

이제 세 편의 영화에서 스토리가 어떤 방향으로 흘러가는지, 그것을 통해 무엇을 알 수 있는지 살펴보려고 한다. 「쉬리」에서 기본적인 대결은 비밀 정보기관 OP의 최정예 특수 요원 유중원과 북한 특수 8군단 특수 교관 박무영 사이에 이루어진다. 물론 유중원 옆에는 이장길이 있고, 박무영 옆에는 이방희가 있다. 탈취한 CTX를 폭파해 남한 사회를 혼란에 빠뜨려 평화 분위기를 깨려는 박무영과, 이를 막으려는 유중원의 대결이다. 그런데 놀랍게도 이런 테러를 계획하고 실행에 옮긴 것은 북한 당국이 아니라 북한 특수 8군단이다. 그들은 상부의 명령이 아니라 독단적으로 그런 결정을 내렸다. 그리하여 북한의 지도자가 잠실 운동장에서 남한 지도자와 평화의 분위기를 만들어 가는 바로 그 시각에 CTX를 폭파하려고 한다.

영화에서 가장 이해하기 어려운 것은 바로 이 부분이다. 〈김씨 왕조〉가 지배하는 북한에서 그들의 뜻과 완전히 어긋나는 것은 물론이고, 그 지도자를 암살하려는 계획을 실행하고 있다. 그들의 목표는 단지 경기장에서 테러를 벌이는 것이다. 그다음에는 무엇을 노리는지 명확하지 않다. 전쟁을 하자는 것인가? 이런 재현이 위험한 것은 현실에서 이런 일이 일어날 가능성이 거의 없기 때문이다. 박무영의 행동은 사적인 복수심의 발로도 아니고 공적 정의의 표현도 아니다. 그럼에도 이런 설정에 관객들이 동일시가 된다는 것이 기이하다. 그만큼 북한을 테러리스트 같은 존재로 인식하고 있다는 방증이다.

영화는 이런 설정을 전개시키기 위해 전혀 다른 이야기를 한다. 멜로드라마 같은 전개가 이어지는 것이다. 강제규의 영화가 흔히 그런 것처럼 영화 속 인물은 정체성의 혼란을 경험하게 되고, 그 혼란은 결국 죽음으로 이어진다. 이같은 신파적인 전개는 관객의 눈물샘을 자극하는데, 이명현이 바로 그런 역할을 하는 인물이다. 그녀는 이명현이면서 이방희다. 아니, 이명현과 똑같은 얼굴로 성형수술을 한 북한의 특수 요원 이방희다. 그리고 그 이방희는 임무를 수행하기 위해 의도적으로 유중원에게 접근하고, (정말 많이 봐온 설정이지만) 그를 사랑하게 된다. 〈나를 사랑한 스파이〉가 되어 버린 상황이다. 영화에서는 이방희의 타깃 안에 들어온 유중원을 보여 주면서 흔들리는 이방희의 마음을 표현한다. 그녀는 그 괴로움을 술로 풀어 보려고 하지만 쉽지 않다. 결국 유중원도 이방희의 정체를 알게 되어 혼란스러워하고, 그 사실을 안 친구 이장길이 죽으면서 그녀에 대한 복수심을 품게 된다. 영화의 클라이맥스는 박무영이 죽은 후 북한의 지도자를 암살하려는 이방희와 이를 막으려는 유중원이 서로를 향해 총을 겨누는 장면이다. 결국 유중원은 이방희를 향해 방아쇠를 당긴다. 「쉬리」가 첩보 액션 영화이면서 한국 영화사에서 거의 처음으로 제대로 된 거리 액션 신을 보여 준 영화임에도 관객들의 뇌리에 멜로적 정서, 그것도 신파적 정서로 깊게 남은 것은 여주인공이 이루어질 수 없는 사랑을 하다가 결국 죽음을 맞이한다는 설정 때문이다.

　「공동경비구역 JSA」는 서로 대치하는 남한군과 북한군 병사가 친구가 되어 서로의 경계를 넘게 되고, 결국 예기치 않은 사건이 벌어지는 상황을 그리고 있다. 영화는 해서는 안 되는 일을 하는 인물을 그리기 때문에 코믹한 정서를 강하게 풍긴다. 코미디는 긴장을 해소시키는 장르인 만큼 남한과 북한의 긴장과 대결을 다루는 데 이만한 장치가 없다. 그래서 남한 병사와 북한 병사가 만났을 때 코미디 같은 순간들이 나오게 되고, 그 덕분에 긴장이 해소된다. 그러나 코미디는 오래가지 못한다. 분단의 현실에서 그들은 함께할 수 없다. 결국 우발적인 사건이 일어나 서로에게 총을 겨누게 된다. 흥미롭게도 영화에서 이수혁은 북한 초소에 자주 가지만, 오경필이 남한 초소로 넘어오는 경우는 단 한 번도 없다. 처음에 오경필이 이수혁을 구해 주었고 나이가 더 많다는 것을 고려하더라도 이 상황은 이해하기 어렵다. 이것은 무엇을 의미하는 것일까? 아마도 남한 사회가 북한보다 더 자유롭다는 것을 의미하지 않을까? 그래서 월북할 생각이 전혀 없음에도 이수혁은 마실 가듯이 자유롭게 군사 분계선을 넘어가는 반면, 북의 오경필은 남으로 쉽게 넘어오지 못하는 것이 아닐까?

문제는 〈그 현장〉에서 정우진과 최 상위만 죽은 것이 아니라는 점이다. 소피 장이 사건을 조사하는 과정에서 남과 북의 병사들이 서로 오가며 친구가 되었다는 진실이 드러나면서 이수혁과 남성식, 오경필은 곤경에 처한다. 소심하고 착한 남성식은 거짓말 탐지기로 조사한다는 말을 듣자 투신자살을 하고, 자신의 총에 맞아 정우진이 죽었다는 사실을 뒤늦게 알게 된 이수혁 역시 자살하고 만다. 판문점에서 이수혁과 오경필의 대질 심문이 있을 때 이수혁은 진실을 말하고 싶지만, 오경필은 만일 사실이 알려지게 되면 목숨이 위태롭기 때문에 판을 엎어 버린다. 이렇게 남한과 북한의 병사는, 끝내 진솔하게 어울릴 수 없는 분단의 현실 속에서 살고 있다는 것을 영화는 보여 주고 있다. 그럼에도 이수혁은 결국 소피 장에게 그날의 진실을 말한다. 자신이 끝까지 보호해 주고 싶은 오경필의 안전을 그녀가 보장해 주었기 때문이다. 이 복잡한 상황이 영화「공동경비구역 JSA」에 녹아 있다. 「쉬리」가 유중원과 이방희의 멜로적 정서를 그려 눈물샘을 자극했다면, 「공동경비구역 JSA」는 이수혁과 오경필의 남성적 멜로를 통해 눈물샘을 자극한다.

「웰컴 투 동막골」은 매우 혁신적인 방법으로 남북을 다룬 영화다. 극단적인 대립의 현장인 한국전쟁을 배경으로 하지만, 국군과 인민군, 연합군 병사는 서로 허물없는 친구가 된다. 물론 처음에는 갈등이 있었다. 하지만 곧 그들은 멧돼지를 잡으려면 협동해야 한다는 것을 알게 되고, 멧돼지를 잡는 데 성공하자 함께 나누어 먹으면서 친구가 된다. 여기서 멧돼지는 엔딩 부분 연합군의 메타포다. 마을을 공격하는 멧돼지를 막아 내는 국군과 인민군, 연합군 병사는

(위) 「웰컴 투 동막골」의 인민군 소년병 서택기 © SHOWBOX
(아래) 연합군의 폭격을 유도하여 마을을 구하는 리수화, 표현철, 서택기. 하늘에서 쏟아지는 포탄을 맞으면서 그들은 웃으며 죽어간다. © SHOWBOX

엔딩에서 동막골을 지킨 이들의 메타포가 된다. 그래서 리수화가 마치 동구의 아버지처럼 그려지고, 택기와 여일의 소소한 로맨스가 싹트고, 국군과 인민군과 연합군 병사 스미스가 모두 한복을 입고 생활한다. 이런 영화적 재현은 분단 이전의 원시적 민족주의 공동체에 이들이 동화되었음을 보여 준다. 이러한 설정을 관객이 자연스럽게 받아들이도록 하기 위해「웰컴 투 동막골」도「공동경비구역 JSA」처럼 코미디 전략을 구사한다. 순박한 사람들의 진솔한 모습을 보여 줌으로써 야박한 현대인들에게 웃음을 유발하는 것이다.

이제 친구가 된 이들은 마음을 트고 사이좋게 지내지만 언제까지 그렇게 지낼 수 있는 것은 아니다. 스미스가 추락해서 사망했다고 생각한 연합군은 또다시 추락 사건이 발생하자 그곳에 적의 대공 진지가 있다고 판단한다. 그리고 그곳을 폭격하기 위해 특수 요원을 투입해 상세하게 탐색하도록 한다. 한편 투입된 특수 요원을 통해 연합군의 작전을 알게 된 리수화, 표현철 등은 추락한 비행기에서 찾아낸 무기들을 가지고 산등성이에 진지를 만든다. 마을 대신 그곳을 폭격하도록 유인하기 위해서다. 영화의 클라이맥스는 유도 폭격을 하는 장면이다. 하얀 눈 위에 만든 진지에서 이들이 연합군의 폭격기를 향해 총을 쏜다. 연합군이 마침내 이들을 발견하고 폭격을 시작한다. 하늘에서 수없이 쏟아지는 포탄을 맞으면서 그들은 웃으며 죽어간다. 그리고 이들이 죽은 자리에서 하얀 나비가 날아오르는데, 처음 이들을 동막골로 안내할 때 등장했던 바로 그 나비다. 전통적인 사상의 발로라고 할 수 있는 나비를 통해 이들의 영혼을 기리고자 하는 것이다.

4
집단(무)의식의 발로인 죽음이라는 재현

간략하게 텍스트로 삼은 영화들을 다시 정리해 보자. 「쉬리」에서 북한 특수 부대가 남한으로 내려와 테러를 감행하지만 OP는 이를 막아 내는데, 이 과정에서 유중원의 연인 이명현이 실은 이방희라는 게 밝혀지면서 사살된다. 영화에서 북한의 특수 부대는 정권의 지도부와 별개로 언제든지 남한을 테러할 수 있는 무서운 대상이다.

「공동경비구역 JSA」에서 남한의 병사는 우연히 자신을 구해 준 북한 병사와 친해져 마실 가듯 군사 분계선을 넘어 북한 초소를 드나들게 된다. 그러던 어느 날 함께 어울리는 모습이 발각되면서 총격전이 벌어진다. 장난처럼 그려 놓은 선을 넘는 것조차 목숨을 담보해야 하는 분단의 현실을 영화는 보여 준다.

「웰컴 투 동막골」에서 국군과 인민군, 연합군 병사는 우연히 동막골에서 만나 친구가 되고, 연합군의 공격으로부터 동막골을 지키기 위해 그들은 자신의 목숨을 기꺼이 바친다. 영화 속 인민군은 남한의 국군과 다를 바 없는 인간이고 군인일 뿐이다.

이렇게 정리했을 때 가장 크게 남는 의문은 왜 영화 속의 주요 인물이 모두 죽느냐는 것이다. 텍스트로 삼은 영화들은 2000년을 전후한 시기에 본격적으로 북한을 재현하기 시작한 대표적인 영화들이다. 머리말에서 이미 언급한 것처럼 대중적으로도 가장 잘 알려져 있고 흥행에도 성공한 영화들이다. 이런 영화에서 주요 인물이 죽는 것을 어떻게 이해해야 할까?

먼저 「쉬리」의 경우 이방희의 죽음을 거론할 수 있다. 물론 박무영과 이장길도 죽지만, 그보다는 이방희의 죽음이 서사 전개상 중요하다. 이방희는 왜 죽어야 했을까? 같은 상황에 대해 다른 질문을 해볼 수 있다. 이방희가 죽지 않고 유중원과 행복하게 살아갈 수는 없었을까? 더구나 이방희는 유중원의 아이를 임신한 상태였다. 「쉬리」에서 가장 큰 의문은 이 부분이다. 그러나 영화가 개봉한 1999년은 그런 설정이 가능하지 않았다는 것을 기꺼이 인정해야 한다. 단지 신파적 정서를 자극하기 위해 이방희를 죽게 만든 것이 아니다. 이방희와 유중원이 결코 행복하게 살 수 없기 때문에, 다시 말해 이들의 사랑이 이루어질 수 없기 때문에 불가피한 설정이다. 개봉 당시 북한에서는 이미 300만 명 이상이 굶어 죽었고, 이념 대결은 사실상 끝난 상황이었다. 따라서 이방희가 이념 때문에 (그것도 도저히 이해할 수 없는) 테러 임무를 수행하고 있다고 보기는 어렵다. 대중이 북한 여성과 남한 남성이 결혼해서 행복하게 살아가는 것을 받아들이기 어렵기 때문에 유중원이 이방희를 직접 사살해야 했고, 그런 설정이 관객의 엄청난 호응을 받았다. 결국 이방희는 테러리스트였기에 죽어야 했다.

「공동경비구역 JSA」에 대해서도 역시 같은 질문을 할 수 있다. 이수혁이 북한 초소에서 우발적으로 최 상위를 죽이고 탈출한 것은 충분히 이해할 수 있다. 그러나 문제는 그 다음에 발생한다. 수사가 조여 오자 일병 남성식은 돌연 투신자살하고, 이수혁도 끝내 자살하고 만다. 왜 그래야 했을까? 영화적 맥락에서 보면, 소심한 남성식의 경우에는 사건의 전모가 밝혀질까 두려워서이고, 이수혁은 정우진을 죽였다는 죄책감 때문이다. 그러나 조금만 뒤로 물러나서 영화를 보면 다른 것을 알 수 있다. 오경필이 말한 것처럼 자신도 그런 상황이라면 남한 병사를 살해했을 것이다.

남한과 북한은 양측 병사들이 몰래 군사 분계선을 넘어 왕래했다는 것을 도저히 인정할 수 없는 적국이다. 그래서 그 어떤 사고가 발생하더라도 진실을 밝히기보다는 은폐하고 분단을 유지하고 긴장을 유발하기를 원한다. 영화에서 갑자기 서로에게 총구를 겨누어야 하는 위험한 상황이 발생한 것도 이와 무관하지 않다. 그런 상황을 알고 있기 때문에 남한의 두 병사는 두려움과 죄책감 때문에 스스로 목숨을 끊고 만다. 이렇게 북한의 병사와 교류한 남한의 병사는 죽어야 한다는 것이, 그리고 그런 설정의 영화가 엄청난 흥행을 기록한 사실이 우리 시대 집단(무)의식의 한 자락을 읽을 수 있는 징표가 된다.

「웰컴 투 동막골」은 이런 시각에서 보면 매우 다른 영화임에 분명하다. 연합군의 공격으로부터 동막골을 지키기 위해 국군과 인민군, 연합군 병사가 합동 작전을 펼친다. 그리고 기꺼이 동막골을 지키기 위해 목숨을 바친다. 이런 설정은 미래 지향적이면서 퇴행적이고, 민족주의적이다. 미래 지향적인 이유는 분단의 상처와 아픔을 넘어 남한과 북한이 하나가 되어야 하고, 그런 모습을 분단 이전의 하나된 민족의 원시적 공동체를 통해 제시했기 때문이다. 퇴행적인 이유는 돌아갈 수 없는 분단 이전의 원시 공동체를 미래의 비전으로 제시하기 때문에, 그래서 분단의 현실을 제대로 직시하지 않기 때문이다. 실제로 영화에서 인민군 병사는 단 한 번도 김일성 수령이나 조국 통일, 인민 해방 등의 말을 입에 올리지 않는다. 이런 병사들이 원시적 민족 공동체를 위해, 그 민족주의를 위해 웃으면서 죽어가는 모습을 어떻게 평가할 것인지는 더 고민해야 할 문제다. 이념을 위해 개인이 희생해야 한다는 당위를 영화가 전하고 있는 것은 아닌지 의심스럽기 때문이다.

요약하자면, 「쉬리」는 냉전적 사고로 북한을 바라본다. 북한은 총부리를 겨눈 적대자이자 언젠가는 위협이 될 세력이다. 그래서 북에서 내려온 테러리스트 연인은 사랑하지만 죽음으로써 이별을 고해야 할 존재다. 「공동경비구역 JSA」에서 북한은 우리와 한민족이고 형제이지만, 여전히 위험한 적국이다. 그래서 이들과 만나면 죽어야 하는데, 이는 냉혹한 분단의 현실을 보여 준다. 「웰컴 투 동막골」에선 민족 공동체인 남한과 북한의 병사들이 민족주의를 지키기 위해 죽는다.

세 편의 영화에 그려진 죽음은 남한과 북한이라는 넘을 수 없는 경계 때문에 발생하거나, 분단의 냉혹한 현실을 보여 주는 징표로 설정되거나, 민족주의를 위해 기꺼이 희생해야 한다는 당위로 사용되었다. 이 말을 다르게 하면 초기 영화에는 분단의 냉혹함이나, 넘을 수 없는 분단의 상황, 분단에 내재된 공포와 두려움을 드러내기 위해 죽음을 활용했고, 민족주의를 지키기 위해 죽는 것으로 설정했다. 결국 2000년을 전후한 시기에 만들어진, 북한을 다룬 영화는 주요 등장인물들이 죽음을 맞는 비극으로 끝이 났다. 이런 설정은 지금도 마찬가지다. 우리에게 북한은 여전히 그런 이미지라는 의미일 것이다.

2장

생계형 간첩, 이념의 종말
: 「간첩 리철진」, 「그녀를 모르면 간첩」, 「스파이 파파」, 「간첩」

1
재현의 변화, 시대의 반영

1990년대가 되면서 이상한 일이 발생했다. 한국 영화가 북한을 재현하는 방식에서 매우 놀라운, 그러니까 이전의 영화에서는 감히 상상도 할 수 없었던 변화가 일어난 것이다. 그것은 왜 (남한의 시각에서 보았을 때 적군인) 북한군이 되려고 했는지, 정확히 말해 분단 상황에서 왜 남한이 아니라 북한을 선택했는지 이념적으로 설명한 영화들이 등장했기 때문이다. 〈북한에 대한 내재적 이해〉에 토대를 둔 이런 경향은 당연히 1980년대 중후반의 민주화 운동의 성과에 기인한 것이다. 다르게 보면 남과 북의 대결과 갈등의 시대였던 유신 정권과 그 뒤를 이은 신군부 정권을 겪으면서, 대결의 원인이자 분단의 뿌리로 돌아가서 갈등 상황을 분석한 작업의 결과이기도 하다.

1980년대 중후반에 센세이션을 일으켰던 베스트셀러

소설을 영화로 만든 「남부군」(정지영, 1990), 「태백산맥」(임권택, 1994) 등이 이런 경향의 대표적인 영화인데, 공교롭게도 두 작품 모두 한국전쟁 시기를 배경으로 하면서, 나름대로 분단과 전쟁을 냉철하게 보려고 했다. 여기서 냉철하게 보려고 한다는 의미는 당시의 여러 정세를 통해 북을 선택한 이들을 이해하려고 했다는 것이다.

두 영화에는 친일과 반일, 지주와 농민, 외세와 자주 등의 이항 대립이 등장하는데, 남한과 북한을 이러한 이항 대립의 구도 속에 위치시키면서 분단과 한국전쟁 시기를 살펴려고 했다. 특이하게도 이러한 시각은 이전의 한국 영화사에서는 전혀 볼 수 없는 것이었고, 이후에도 등장하지 않는다. 두 영화를 포함한 이런 유형의 북한 재현 영화에 등장하는 간첩이나 빨치산을 나는 〈이념형 간첩〉 또는 〈이념형 빨치산〉으로 칭하려고 한다. 말 그대로 투철한 이념을 갖고 간첩이나 빨치산이 된 이들의 상황을 객관적이면서 내재적으로 이해하려고 한 것이다.

이념형 간첩 또는 이념형 빨치산으로 재현된 북한은 그리 오래가지 않았다. 남한은 1997년 말에 IMF의 구제 금융을 받으면서 경제가 무너져 버렸다. 평생직장이라는 개념이 사라지고 그 대신 비정규직이라는, 당시엔 매우 생소한 현실이 닥치면서 사람들은 경제라는 관념, 즉 먹고사는 문제에 집중하게 되었다. 이 시기의 북한 재현 영화에서 매우 중요한 변화가 나타나는데, 바로 〈생계형 간첩〉 또는 〈생활형 간첩〉이 대거 등장한다는 것이다. 생계형 간첩이라는 용어는 영화 「의형제」(장훈, 2010)에 등장하는 대사이기도 한데, 공작금이 끊긴 간첩들이 먹고살기 위해 각종 아르바이트를 하는 장면에서 등장했고, 생활형 간첩이라는 용어는 영화 「간첩」(우민호, 2012)의 홍보 과정에서 이념이 아니라 먹고살기에 바쁜 간첩들을 지칭하면서 등장했다. 중요한 것은 생계형 간첩이든 생활형 간첩이든 이들은 냉전이 가속화되던 시기의 〈악질적인〉 간첩도 아니고, 이념을 중시하던 시기의 이데올로기를 강조하지도 않는다는 것이다. 그들에게 중요한 것은 오로지 먹고사는 문제이다.

날카로운 풍자를 주로 했던 장진 감독의 「간첩 리철진」(장진, 1999)에서 시작된 이런 경향은 로맨스 코미디풍의 「그녀를 모르면 간첩」(박한준, 2004), 남북 대립이 극단으로 치닫던 1974년을 배경으로 명랑만화처럼 꾸민 「스파이 파파」(한승룡, 2011) 등을 지나 그야말로 생계형 간첩의 집단적 재현이라고 할 수 있는 「간첩」 등으로 이어졌다. 이들 영화에서 고정 간첩은 더 이상 간첩의 임무를 수행하려 하지 않거나 수행할 능력이 없는 존재로 그려지고, 임무를 수행하려 해도 이념이 없어 실패할 뿐만 아니라 심지어 공작원 임무 자체에 괴로워한다.

2
이념의 종말, 생계형 간첩

「간첩 리철진」, 「그녀를 모르면 간첩」, 「스파이 파파」, 「간첩」 등의 영화에는 고정 간첩이 등장한다. 이들은 영화의 주인공이기도 하고, 북한에서 내려온 다른 간첩을 맞아서 임무를 점검하고 함께 수행하는 역할을 하기도 한다. 그런데 가만히 생각해 보면 남한으로 내려온 고정 간첩이 10년이나 20년 이상을 살다 보면 자연히 남한의 문화에 익숙해진다. 처음에는 문화적 충격이나 남북한의 경제적 격차로 인해 혼란스러울 수 있지만 시간이 지나면 남한 사람처럼 살아가게 된다. 게다가 위장을 위해서라도 결혼을 하게 되면 자식을 키워야 하는데, 이럴 경우 당연히 문제가 발생한다. 자식이 부모가 간첩이라는 것을 알 수도 있고 모를 수도 있을 터인데, 간첩인 부모는 자식과 어떻게 관계를 맺을 것인가? 개봉 시기를 보아 짐작할 수 있겠지만, 2000년대 이후의 관객들에게 이미 경제적 대결에서 패배해 인민들이 굶어 죽어가는 북쪽 상황을 보고도 북한 정권을 옹호하는 것은 쉽지 않다. 이 말을 다르게 하면, 간첩인 부모가 자식에게 북한의 지령에 따라 〈조국 통일〉을 위한 〈혁명 전사〉가 되어야 한다는 것을 설명하기가 어렵다는 것이다. 자기 자식도 설득하지 못하는데 어떻게 다른 사람을 설득할 수 있겠는가? 그래서 네 편의 영화에서 먼저 집중적으로 살펴볼 것은 영화 속에 재현된 고정 간첩의 양태다. 이들은 어떤 모습으로 재현되고 있을까?

「간첩 리철진」에 등장하는 고정 간첩은 오 선생(박인환)이다. 그는 새로 남파된 간첩 리철진(유오성)이 공작금을 가져오기를 기다렸지만 리철진이 택시 강도를 당해 빈손으로 오자 다시 북으로 돌아가라고 한다. 그는 남파된 지 30년 된 고정 간첩이지만 정작 영화에서 그가 하는 공작원 임무는 거의 없다. 그의 아내도 간첩이지만 간첩 임무보다는 오히려 생계를 걱정한다. 사무실을 줄이고 작은 식당이라도 운영해야 할지 고민하다가 남편에게 타박을 당한다. 딸 화이(박진희)와 아들 우열(신하균)은 부모가 간첩이라는 것을 알면서도 마치 일반적인 직업을 가진 대한민국의 평범한 부모인 양 아무렇지도 않게 살아간다. 영화에서 가장 이해하기 어려운 부분이 바로 이 점이다. 딸과 아들은 부모에게 이념적으로 동의하지도 않고 그렇다고 반대하지도 않는다. 남한의 여느 집처럼 예술 대학에 다니는 딸은 학교 공부에 대해 고민하고, 고등학생인 아들은 학교 짱을 어떻게 이길 수 있을지 고민한다. 영화에는 오 선생과 접선을 하는 다른 고정 간첩이 세 명 더 등장한다. 이들은 서점 운영 같은 본업을 가지고 있으면서 지령에 따라 활동한다. 자수하려는 동료 간첩을 죽이라고 리철진에게 명령하기도 하고, 나중에는 더 이상 쓸모없어진 리철진을 제거하려고 한다. 이들이 오 선생과는 분명 다른 지점에서 공작원으로 활동하고 있는 것은 분명하지만, 영화의 주인공이 오 선생의 가족이기 때문에 이들의 모습은 두드러지지 않는다. 영화 속 고정 간첩은 혁명 전사가 아니다. 오히려 동료 간첩인 리철진에게 돈밖에 모른다는 소리를 듣고, 신념이나 투쟁, 이념 등이 이제는 거의 사라졌다면서 자신은 공산주의자가 아니라고 리철진에게 고백한다. 이제 영화 속 〈북한의 이미지는 배고픈 후진국, 식량을 구하기 위해 국경을 넘는 탈향민의 이미지로 수렴되는 것이고, 남북 관계는 이념과 체제의 문제가 아니라 경제적 궁핍과 윤리의 문제가 된다〉[3]라는 평가를 영화는 그대로 보여 준다.

「그녀를 모르면 간첩」의 상황은 더욱 심각하다. 이 영화에 등장하는 고정 간첩 역시 나이 지긋한 부부다. 박무순(백일섭)과 오미자(김애경) 부부는 임무를 띠고 림계순(김정화)이 내려오자 오히려 짜증을 낸다. 「간첩 리철진」에서는 공작금을 가져오지 않았다고 짜증을 내지만, 이 영화에서는 살기도 힘든데 자꾸 내려와 귀찮게 한다며 노골적으로 짜증을 낸다. 그들에게서는 공작원의 임무나 혁명에 대한 의지 같은 것은 조금도 찾아볼 수 없다. 박무순은, 통상적으로 우리가 알고 있는 간첩 임무를 단 한 번도 수행하지 않는다. 그의 집에는 초등학생들에게 파는 불량식품이 가득하고, 아내는 전형적인 주부의 모습이다. 림계순이 남파되어 왔을 때에는 불량식품을 만들어 먹게 하고, 함께 밥을 먹는 게 고작이다. 딸 효순(자두)이 카드 값을 갚지 못해 집을 나갔을 때에도 찾지 않고, 사채업자들이 찾아와 행패를 부릴 때에도 〈간첩다운〉 면모를 보여 주지 못한다. 심지어 고정 간첩 모임인 〈고모〉에서 나이 먹은 고정 간첩들은 오히려 박정희 때가 좋았다며, 그때는 이 짓도 할 만했다고

---

3   백문임, 「〈탈이념〉의 정치학: 〈쉬리〉, 〈간첩 리철진〉, 〈공동경비구역 JSA〉」, 『공동경비구역 JSA』, 연세대 미디어아트연구소 엮음, 삼인, 2002, 120면.

회고한다. 당시에는 독재 정권에 대한 불만도 많았고 남·북한의 경제력이 크게 차이가 나지 않아 남한 사람들을 쉽게 포섭할 수 있었기 때문이다. 그러나 이제는 경제 격차가 크게 벌어졌고, 이념 대립이 사실상 끝이 났기 때문에, 간첩이 할 수 있는 일이 많지 않다. 그래서 영화 속에 등장하는 고정 간첩들은 더 이상 공작원의 역할을 하지 않거나 못하고 있다. 좀 심하게 말하면, 간첩이 아니라 남한의 보통 사람으로 살아가고 있을 정도다.

「스파이 파파」(한승룡, 2011)는 남북 대결이 한창이던 1974년을 배경으로 한다. 세탁소를 운영하는 이만호(이두일)는 고정 간첩인데 아이러니하게도 초등학교 4학년생인 딸 순복(김소현)은 열혈 반공 소녀다. 아내 없이 혼자 딸을 키우는 상황에서 아버지는 간첩이고 딸은 반공 소녀라는 설정은 쉽게 리얼리즘의 경계를 넘어서 버린다. 결국 영화는 코미디처럼 전개된다. 아버지는 조국 통일을 위해 북의 지령에 따라 공작원 활동을 하지만, 딸은 반공 웅변대회, 포스터 그리기, 삐라 줍기 등에 열을 올리더니 급기야 간첩 잡기에 나선다. 이런 상황에서 아버지는 딸의 삐라 줍기를 도와주기도 한다. 고정 간첩 아버지는 딸이 잠들면 몰래 라디오로 북한과 접선하고 새벽에 산에 다녀오기도 하고 다른 간첩을 만나 교육을 시키기도 하지만, 요원 암살이나 건물 폭파 같은 일은 하지 않는다. 1974년이라는 시대적 배경에도 불구하고 흔히 상상할 수 있는 간첩이 아니라 자상한 아버지의 모습으로 등장하기 때문에 긴박감이나 긴장감을 느끼기는 어렵다. 영화에는 고정 간첩이 한 명 더 나온다. 복덕방을 운영하는 임방원(민경진)인데, 그는 강남 개발에 눈을 떠서 떼돈을 번 전형적인 부동산 업자다. 흥미로운 점은 공산주의 사회에서 내려온 고정 간첩 임방원이 오히려 자본주의적 투기에 매우 적극적이고 돈도 많이 벌었다는 것이다. 그에게 임무는 이제 그리 중요하지 않다. 그는 누구보다 완벽한 〈자본주의형〉 인간으로 거듭났다.

제목마저 〈간첩〉인 영화 「간첩」에는 네 명의 고정 간첩이 등장한다. 22년차 간첩이지만 불법 비아그라를 판매하며 살고 있는 김 과장(김명민), 홀로 아이 키우랴 복덕방 운영하랴 정신없이 바쁜 여간첩 강 대리(염정아), 공무원으로 〈명퇴〉했지만 실은 신분 세탁 전문 간첩인 윤 고문(변희봉), 소 키우는 귀농 청년으로 위장한 해킹 전문 간첩 우 대리(정겨운) 등이 그들이다. 얼핏 보면 이들은 우리에게 익숙한 간첩의 이미지와 한참 동떨어져 있다. 주인공이라고 할 수 있는 김 과장은 집주인이 전세금을 올려 달라고 해서 걱정이고, 실력이 부족한 야구부 아들 때문에 고민이다. 그뿐 아니다. 그에게는 북한에도 가족이 있다. 북한의 어머니는 수시로 전화를 해서 돈을 보내라고 하고(현실에서는 불가능한 일이지만 영화에서는 정말 수시로 등장한다), 북에 있는 아들은 곧 장가를 가게 되어서 돈이 또 들게 생겼다. 한마디로 그는 남한과 북한의 가족을 먹여 살리느라 (가짜 비아그라를 만들어 파는 등) 돈이 되는 일이라면 뭐든지 다 하는 인물이다. 홀로 아이를 키우면서 돈도 벌어야 하는 강 대리, 한미 FTA 때문에 소 값이 폭락해 먹고살 길이 막막해진 우 대리도 사정은 비슷하다. 다만 윤 고문만 남한에서의 삶을 접고 북한으로 돌아가 여생을 보내고픈 바람이 있을 뿐이다.

네 명의 상황이 이러니 공작원의 임무를 제대로 수행하는 것은 거의 불가능에 가깝다. 가령 요인을 암살해야 하는데 그들에게는 총이 없다. 없는 것이 아니라 어디에 두었는지 찾지 못한다. 중요한 정보도 인터넷에 다 있으니 굳이 위험하게 침투해서 사진을 찍거나 정탐할 필요가 없다고 주장한다. 제목은 〈간첩〉이지만, 이들은 간첩 역할을 제대로 수행하지 못하고 다만 생계에 쫓길 뿐이다.

이런 설정은 「강철비」(양우석, 2017)와 비교하면 얼마나

다른지 한눈에 알 수 있다. 「강철비」에서는 북한 특수군이
나 간첩이 수시로 남한으로 침투해 요원을 암살하고 서울
시내에서 전쟁 같은 총격전을 함부로 벌인다.

3
갈등의 형성과 해소, 그리고 동일시

영화는 통상 3막 구조로 되어 있다. 1막에서는 캐릭터와 사건을 설정하고, 2막에서는 사건을 전개하고, 3막에서는 해결한다. 이런 구조에서 중요한 것은 주인공과 적대자의 설정이다. 대중적인 이야기는 대중이 공감할 수 있는 캐릭터를 주인공으로 설정한 뒤 그의 일상이 깨어지면서 결핍된 그 무엇을 해결하기 위해 적대자와 필연적으로 맞서야 하는 상황으로 나아간다. 이렇게 봤을 때 흥미로운 것은 텍스트로 삼은 영화들은 모두 간첩이 주인공이기 때문에 필연적으로 관객은 간첩과 동일시되어 영화에 몰입해야 한다는 것이다.

그런데 이것이 가능할까? 레드 콤플렉스가 무척이나 강하고 여전히 남아 있거나 오히려 더욱 강화되었다고 할 수 있는 지금의 남한에서 어떻게 간첩이 주인공인 영화를 보고 간첩의 욕망을 관객이 인정하면서 공감대를 형성할 수 있을까?

「간첩 리철진」의 주인공인 남파 간첩 리철진은 어리숙하지만 정감이 있는 사람이다. 1960년대나 1970년대의 간첩을 다룬 영화 속 냉혈한의 캐릭터와는 전혀 다르다. 그래서 남한에서 태어나고 자란 화이조차 그에게 호감을 느낀다. 남한 사람들에게는 볼 수 없는 인간적인 정감이 그에게는 남아 있기 때문이다. 그의 이런 모습은 영화 초반 택시에서 네 명의 강도들에게 당하는 장면에서 여실히 드러난다. 특수 훈련을 받은 그가 고작 멀미 때문에 강도들에게 당하고, 고정 간첩인 오 선생에게는 심한 구박을 받는다. 남파된 친구가 자수하려고 할 때 철진은 그를 죽여야 하는 상황에서 망설이고, 임무를 수행한 후에는 친구를 죽였다는 자책감에 술에 취해 경찰서에서 자신이 간첩이라고 소리친다. 물론 경찰은 주정뱅이의 헛소리로 치부하지만. 영화에서 가장 순진하고 인간적인 인물이 간첩 리철진이기 때문에 관객은 그에게 감정이입을 하게 된다.

특이하게도 「그녀를 모르면 간첩」에서는 여간첩 림계순이 주인공이다. 그녀는 거액의 공작금을 가지고 사라진 고정 간첩 김영광(이광기)을 잡기 위해 남파되었다. 패스트푸드점에 위장 취업한 그녀는 뜻하지 않게 〈얼짱〉으로 알려지면서 남한의 남성들에게 인기를 끌게 된다. 이제부터 영화는 예상치 못한 곳으로 흘러간다. 삼수생인 고봉(공유)이 계순을 좋아하면서 임무를 완수하기 위해 일하는 계순과, 계순을 좋아해 고민하는 고봉의 필연적인 어긋남이 발생하게 된다. 임무를 위해 단기로 내려온 간첩이 사랑에 빠질 수는 없지 않은가. 그러나 영화는 처음으로 사랑의 감정을 느끼는 계순의 심리에 초점을 맞추면서 이제 군에 가야 하는 고봉과, 북으로 돌아가야 하는 계순의 처지를 보여 준다. 이런 상황에서 관객은 계순의 마음에 동일시되지 않을 수 없다.

단순하게 보면 「스파이 파파」는 홀로 딸을 키우는 〈딸바보〉 아버지의 이야기다. 그는 매일 생선을 태워서 딸에게 잔소리를 듣지만, 딸이 지각할까 봐 자전거로 학교까지 데려다 주는 자상한 아버지다. 세탁소를 성실하게 운영하면서 오직 딸을 잘 키울 생각만 있을 뿐, 여자를 만나거나 재혼할 생각이 전혀 없다. 심지어 간첩이면서도 삐라를 많이 주워서 상을 타고 싶어 하는 딸을 위해 자신이 숨겨 둔 삐라를 주기도 한다. 이런 캐릭터가 벌이는 이야기에 관객은 자연스럽게 빠져들게 된다. 딸과 옥신각신 부딪치는 사건들이 관객에게 소소한 웃음을 유발하기 때문이다.

「간첩」은 가장의 어려움을 전면에 내세운다. 북한에서 넘어왔으니 학력이나 재력 뭐 하나 내세울 게 있을 리 없는 강 과장은 돈이 되는 일이라면 뭐든지 한다. 그럼에도 생활은 그리 넉넉하지 않다. 야구부 아들은 만년 후보라서 자존감이 떨어져 있고, 아내는 아파트 주인이 전세금을 올려 달라고 했다며 남편을 독촉한다. 이런 상황에서 북한에 있는 어머니는 수시로 전화를 해 돈을 보내라고 한다. 시각 장애인 아들을 홀로 키우면서 돈을 벌고 있는 강 대리도 마찬가지다. 그런 인물들에게 동일시되는 것은 쉽다.

그렇다면 여기서 우리는 물어야 한다. 간첩이지만 각자의 특성과 사정 때문에 관객이 쉽게 그들과 동일시되고 있다면, 우리는 주인공이 겪는 사건은 무엇이고, 그들의 적대자는 누구인지 파악해야만 한다. 만약 이런 간첩이 〈조국 통일〉을 꿈꾸면서 요인을 암살하거나 시설물을 폭파한다면, 그래서 〈적화 통일〉을 이룩하려 한다면 관객이 그들과 동일시되기는 어려울 것이다. 그래서 자연스럽게 우리는 텍스트로 선정된 영화들이 어떻게 적대자를 구성하는지, 그리고 그 적대자와의 대결에서 어떻게 승리하는지 살펴봐야 한다.

「간첩 리철진」에서 리철진은 북한의 식량난 해결을 위해 슈퍼 돼지 유전자 샘플을 훔쳐 오라는 지시를 받고 남파되었다. 그러나 도중에 택시 강도를 만나 공작금과 권총 등을 모두 잃어버려 임무를 수행하기 어려워졌다. 집에서 대기하던 그는 고정 간첩들이 시킨 암살, 즉 친구였던 요원을 죽이고 심적으로 갈등하게 된다. 그러던 중 남한에서 북한의 식량난 해결을 위해 슈퍼 돼지 종자를 제공하겠다고 발표하면서 리철진은 이제 쓸모없는 존재가 된다. 이렇게 보면 리철진의 적대자는 남한 사회이거나 오 선생이 아니라 세 명의 고정 간첩이다. 그들이 친구를 죽이도록 했고, 그들이 리철진을 자살하도록 만들었다. 영화는 이렇게 안전한 선택을 하고 있다.

「그녀를 모르면 간첩」에서 림계순의 목적은 거액의 공작금을 가지고 사라진 김영광을 잡는 것이다. 그런데 이런 설정이 처음부터 이상한 것은, 굳이 이 임무를 위해 새로운 간첩을 남파해야 하는지 의문이 들기 때문이다. 남한에 이미 고정 간첩이 많은 상황이므로 그들에게 임무를 맡기면 되는데, 굳이 또 간첩을 보낸 것이다. 남한으로 온 계순은 얼짱 사건에 휘말리면서 영화는 다른 방향으로 흘러간다. 김영광을 사로잡지만 계순은 고봉과의 로맨스에 빠져 갈등한다. 결국 영화는 간첩을 다룬 영화이면서도 서스펜스 스릴러가 아니라 로맨틱 코미디가 되면서 선남선녀의 이야기, 아니 남남북녀의 로맨스가 되어 버렸다. 이런 상황에서 관객은 림계순의 적대자가 될 수 없다.

「스파이 파파」에서 아버지는 혁명을 일으키기 위한 간첩의 임무를 수행한다. 이렇게 남한의 적대화를 꿈꾸기 때문에 관객에게 북한은 적대자가 될 수 있다. 통상적으로 이런 영화는 남한의 형사나 국정원 요원이 간첩을 추격하는 서스펜스 스릴러가 되는데, 「스파이 파파」는 경찰을 오히려 희화화한다. 그렇다면 적대자는 누구인가? 북에서 〈붉은 뱀〉(이승연)이라는 간첩이 내려와 사라진 공작금의 행방을 추적한다. 붉은뱀은 만호가 공작금을 착복하지 않았다는 것을 알고 임방원을 주목하지만, 임방원은 자신의 잘못을 만회하기 위해 남한의 대통령을 살해하려고 한다. 임방원이 만호에게 이 임무를 지시하고 딸을 인질로 잡아 두지만, 만호는 임무를 수행하지 않고 딸과 함께 살아가는 것으로 영화는 끝난다. 결국 이 영화에서 가장 강력한 적대자도 또 다른 고정 간첩인데, 그는 붉은뱀에게 살해된다.

「간첩」에서는 임무가 명확하다. 황장엽이 말했다고 하는, 남한에는 5만 명의 간첩이 있다는 것을 사실로 받아들이고 영화는 전개된다. 이어서 북한 최고의 암살자 최 부장 (유해진)이 내려와서 남한으로 망명한 리 부상(이승호)을 암살하라는 지령을 내린다. 간첩들은 10년 만에 작전을 수행하지만 결코 쉽지 않다. 최 부장은 임무를 수행하기 위해 네 명의 고정 간첩들을 닦달하는데, 이 때문에 관객의 적대자는 최 부장이 된다. 최 부장은 무기를 구입하는 과정에서 러시아의 밀매꾼들을 무자비하게 죽이고, 임무 수행 중에도 잡힐 수 있다며 윤 고문을 죽이고 만다. 결국 김 과장은 국정원의 한 팀장(정만식)과 함께 최 부장을 죽이고, 이후 국정원의 정보원으로 살아간다.

신기하게도 네 편의 영화에서 모두 남파 간첩은 남한을 주적으로 삼지 않는다. 북한에서 남파되었지만 임무를 완수하고 돌아가거나(「그녀를 모르면 간첩」), 새로 남파된 간첩이 고정 간첩을 살해한 후 국정원의 조직원이 되어 여전히 간첩인 척하며 살아가거나(「간첩」), 공작금을 빼돌린 고정 간첩을 잡으러 온 특수 요원이 임무를 완수한 후 북한으로 돌아가자 주인공 고정 간첩은 여전히 소시민처럼 남한에서 살아간다(「스파이 파파」). 다만 「간첩 리철진」에서만 리철진이 고정 간첩들에게 제거당할 위기에 처하자 스스로 목숨을 끊는 것으로 끝난다. 이때 리철진을 버린 것은 고정 간첩이 아니라 북한이라는 체제다.

 짧게 요약하자면 생계형 간첩을 그린 영화의 주된 갈등은 고정 간첩과 새롭게 남파된 간첩 간의 갈등이고, 이런 갈등 구도에서 남파된 간첩이 임무를 완수하고 돌아가거나 죽는다. 두 간첩 간의 갈등은 관객들이 보기에는 매우 안전한 장치다.

4
코미디라는 안전한 장르

생계형 간첩 또는 생활형 간첩이 등장하게 된 가장 큰 이유는 이념 대결이 사실상 끝났기 때문이다. 공산주의 이념으로는 더 이상 인민들을 먹여 살릴 수 없다는 것을, 무너진 소비에트 연방을 통해, 그리고 북한의 식량난을 통해 남한 사람들은 알게 되었다. 그래서 이념형 간첩을 그린 진지한 영화는 대중의 관심에서 멀어지게 되었다. 이와 정반대로 악한 간첩을 등장시킨 영화도 대중의 관심 밖 이야기가 되면서 소구력을 얻지 못했다. IMF 구제 금융을 겪으면서 남한 사람들만 살기 힘든 것이 아니라 고정 간첩도 먹고살기 힘들다는, 어떻게 보면 정말 기이한 이야기가 관객들의 흥미를 끌게 되었다.

여기서 우리가 주목해야 할 것은 앞에서 살펴본 네 편의 영화가 모두 코미디라는 점이다. 「그녀를 모르면 간첩」은 로맨틱 코미디이고, 나머지도 전반부는 코미디 요소가 강하고 후반에, 특히 「간첩」은 액션이 보강되었다. 그럼에도 영화 전반에 흐르는 분위기는 코미디다. 당연히 의문을 가져 볼 수 있다. 우리에게 가장 중요한 분단의 문제를 다루면서, 그것도 여전히 분단의 상징이라고 할 수 있는 간첩을 다루면서 어떻게 코미디가 될 수 있는가? 또는 왜 코미디로 만들어야 했는가? 코미디라는 형식은 직설 화법이 아니라 간접 화법이다. 여전히 북한에 대한 재현은 부담스러운 소재임을 이야기하는 것이고, 한편으로는 여전히 북한에 대한 고정관념을 지니고 있는 것에 대해 풍자하고 있는 것이다.

가령 「간첩 리철진」에서 친구를 죽인 죄책감에 술을 마신 리철진이 택시를 타고 평양으로 가자고 한다. 택시 기사가 혹시 양평 아니냐고 묻자 평양 가자고, 너희들은 돈 주면 뭐든지 다 하지 않느냐고 행패를 부린다. 그러다가 결국 파출소에 가게 되는데, 그곳에서 직업을 묻는 경찰에게 철진은 간첩이라고 답한다. 그러자 어이없다는 듯 웃음을 짓는 경찰은 자신이 김정일이라고 하고, 택시 기사는 자신이 모택동이라고 주장한다.

「그녀를 모르면 간첩」에서는 패스트푸드점에서 일하는

계순에게 여자 손님들이 〈언니 간첩이죠?〉라고 묻는다. 정체가 탄로 난 줄 알고 화들짝 놀란 계순은 나중에야 얼짱 사이트 이름이 〈그녀를 모르면 간첩〉이라는 것을 알게 된다.

「스파이 파파」에서도 만호가 경찰서에 자수하러 가자 경찰은 순복이 아버지마저 왜 이러시냐며 농담으로 받아들인다. 정말 간첩이 자백을 하거나 간첩의 정체를 정확히 지적한 상황이지만 이야기는 전혀 다른 방향으로 흘러간다. 이런 에피소드를 통해 영화는 현실과는 괴리가 있는 코미디가 되면서 헛웃음을 유발한다. 이제 간첩을 소재로 코미디를 만들 정도로 남북의 대결 양상은 약화되었다고 볼 수 있다.

이 네 편의 영화가 코미디로 흐를 수 있었던 이유 가운데 하나는 영화 속 간첩에게는 가족이 없기 때문이다. 2000년 이후 등장한 대부분의 간첩 영화는 북에 인질처럼 잡혀 있는 가족이 있어 죽을힘을 다해 임무를 완수해야만 하는데, 네 편의 영화 가운데 「간첩」을 제외하면 북한에 가족이 있는 경우는 없다. 그만큼 자유롭다. 이를 다르게 보면, 「간첩」에서 국정원의 정보원으로 있으면서 간첩 일을 계속 하는 것은 북한에 있는 가족을 보호하려는 것이라고 짐작하게 하지만, 「그녀를 모르면 간첩」에서 임무를 완수한 림계순이 왜 굳이 북으로 돌아가야 하는지 관객은 이해할 수 없다. 림계순이 이념이 투철한 것도 아니고, 북한이 더 살기 좋은 곳도 아니고, 심지어 북한의 가족도 등장하지 않는데, 왜 그녀는 북한으로 돌아간 것일까? 이미 체제 대결이 끝이 난 상황에서 가난한 독재 국가에, 그것도 사랑하는 이를 남겨 둔 채 돌아갈 이유가 없다. 로맨틱 코미디 영화「그녀를 모르면 간첩」이 흥행에 실패한 이유 가운데 하나는 아마 이것이 아닐까? 서사적 흐름에서 관객들이 쉽게 이해할 수 없는 내용이 많다는 것이다.

남북 남녀의 비극적 사랑
: 「인샬라」, 「이중간첩」, 「적과의 동침」, 「동창생」

1
멜로드라마라는 장르

요즘엔 정통 멜로드라마 또는 순수 멜로드라마가 잘 만들
어지지 않는 분위기지만, 한국 영화사에서 가장 인기 있는
장르는 단연 멜로드라마였다. 그래서인지 여전히 멜로드
라마의 힘은 강하다. 요즘 멜로드라마는 여러 장르가 혼합
되어 있는 하이브리드 장르 안에 존재하는데, 대개는 서브
플롯으로 존재한다. 가령 「아바타」(제임스 카메론, 2009)
처럼 SF 영화지만 그 안에는 남녀의 사랑 이야기가 있고,
「타이타닉」은 거대한 배가 침몰하는 재난 영화지만 그 안
에는 운명 같은 남녀의 사랑 이야기가 녹아 있다. 그래서
멜로드라마라는 장르는 대부분의 영화에 기본적으로 녹아
있는 것이라고 할 수 있다. 영화학자 배리 랭포드가 멜로드
라마는 장르라기보다는 하나의 양식, 그러니까 다른 장르
의 기본이 되는 양식이라고 말한 것도 이 때문이다.

흥미롭게도 남한과 북한을 다룬 영화, 또는 남한과 북한이 대립하거나 전쟁을 하는 상황을 그린 영화는 대부분 전쟁 영화나 서스펜스 스릴러의 첩보 영화지만, 그 안에 멜로드라마가 녹아 있는 영화가 의외로 많다. 원론적으로 생각해 보면, 멜로드라마는 감정의 조율이 중요한 장르다. 통상적인 멜로드라마는 선남선녀의 사랑을 그리기 때문에 남녀가 상대에게 어떻게, 어떤 감정을 느꼈는지, 그리고 이들의 사랑을 가로막는 장벽은 무엇인지 세밀하게 묘사해야 한다. 이때 중요한 것은 관객이 캐릭터의 행동과 감정에 쉽게 동화되어야 한다는 것이다. 그래서 멜로드라마의 주인공은 최고 배우들이 맡곤 한다. 매력적인 외모를 가진 배우가 캐릭터를 제대로 소화했을 때 더욱 빛이 나기 때문이다. 〈멜로 퀸〉, 〈눈물의 여왕〉 같은 수식어가 괜히 생긴 것이 아니다. 그래서 멜로드라마에 자주 나오는 배우는 그 시대 최고의 배우임이 분명하다. 가령 손예진이나 전도연이 최고의 배우가 될 수 있었던 가장 큰 이유는 멜로드라마에서 발군의 연기를 보여 주었기 때문이다. 멜로드라마를 보는 즐거움 가운데 하나는 이들을 스크린에서 만날 수 있다는 것이다.

그럼에도 멜로드라마는 즐거운 장르가 아니다. 관객이

멜로드라마를 보는 이유 가운데 하나는 주인공이 처한 어려움에 깊이 공감하면서 안타까움의 눈물을 흘리기 위해서다. 세상에 쉬운 것은 없고, 성공하는 사람보다 실패하는 사람이 훨씬 많다. 사랑도 마찬가지다. 아니, 사랑이 가장 어렵다. 때문에 멜로드라마에서 중요한 것은 남녀의 사랑을 가로막는 장벽이다. 그 장벽이 단단하고 높을수록 주인공과 더불어 관객이 느끼는 고통과 괴로움은 더욱 깊어진다. 그래서 멜로드라마는 도저히 넘을 수 없는 장벽을 영화 속에 구현하기 위해 노력한다. 수많은 영화에서 불치병이나 계급 차이를 남녀의 사랑을 가로막는 장벽으로 설정하는 것도 이 때문이다. 불치병은 인간이 넘을 수 없는 벽이다. 걸리면 죽게 되는 병이 사랑을 가로막으니 인간으로서는 어찌할 도리가 없다. 요즘 자주 등장하는 계급 격차도 결코 넘기 쉬운 장벽이 아니다. 사랑에는 국경도 있지만, 계급도 있다.

한반도에는 장벽이 하나 더 있다. 그것은 실제로 존재하는 장벽이기도 하고, 남녀의 사랑을 가로막는 멜로드라마의 장벽이기도 하다. 분단이 되었고, 한국전쟁을 겪었으며, 서로 왕래도 없고, 심지어 만나는 것조차 금지되어 있다. 엄격하게 국가보안법으로 금지된 상황에서 멜로드라

마에 얼마나 좋은 소재인가? 철통같은 감시를 하는 휴전선을 도저히 넘을 수 없듯이 남녀는 서로 사랑하지만 그 장벽을 도저히 넘을 수 없다. 바로 이런 설정을 재현한 영화들이 있다.

가령 「쉬리」의 경우는 첩보 액션이라는 장르에 이루어질 수 없는 사랑이라는 멜로드라마를 스펙터클한 장면 속에 결합했고, 「그녀를 모르면 간첩」은 로맨틱 코미디 형식으로 분단된 남녀의 사랑을 다루고 있다. 이들의 사랑이 맺어지지 못하는 이유는 딱 하나다. 정말 단순하게도 한 명은 남한, 다른 한 명은 북한 사람이기 때문이다.

이 장에서는 분단과 전쟁, 대결과 긴장 속에서 남북 남녀의 사랑을 그린 「인샬라」(이민용, 1997), 「이중간첩」(김현정, 2003), 「적과의 동침」(박건용, 2011), 「동창생」(박홍수, 2013) 등을 텍스트로 다루면서, 각 영화의 멜로드라마는 어떤 캐릭터에 의해, 어떤 방식으로 전개되다가 결국 비극으로 끝나고 마는지 살펴보려고 한다.

2
불가능하고 위험한 사랑

영화에서는 남한과 북한의 남녀가 우연히 만나 사랑에 빠지곤 한다. 그 주인공은 남한 남성과 북한 여성, 남한 여성과 북한 남성, 또는 남한에서 살고 있는 여성 간첩과 북한 출신의 남성 이중간첩 등 다양하다. 이들이 만나 사랑을 하는 장소는 아프리카의 사막일 수도 있고, 서울 한복판일 수도 있으며, 전쟁이 한창인 마을 공동체일 수도 있지만, 결국 대부분은 사랑에 실패하고 만다. 사실 사랑에 빠진 남한 남성과 북한 여성, 또는 북한 여성과 남한 남성의 해피엔딩은 현실적으로 불가능하다. 그래서 영화는 사랑에 모든 것을 걸기도 하지만, 아예 적극적인 사랑을 하지 않고 서로에 대한 관심을 표현하는 정도에 그치기도 한다.

「인샬라」, 헤어져야 하는 운명

인샬라(ن شإ الله)는 〈알라의 뜻대로 하소서〉라는 의미의 아랍어다. 제목에서 알 수 있는 것처럼 배경은 이슬람 문화권인 알제리의 타만라셋이라는 도시이고, 시간적 배경은 1988년 8월이다. 미국 유학생 이향(이영애)은 친구들과 사하라 사막 여행길에 올랐다가 알제리에서 밀수업자로 오인되어 억류를 당한다. 당시 알제리는 남한의 수교 국가가 아니었지만 북한과는 수교를 맺고 있었다. 그런 상황에서 경찰관의 실수로 북한 외교관 한승엽(최민수)을 만나게 된다. 승엽의 도움으로 이향은 억류에서 풀려나지만 출국은 할 수 없는 상태다. 돈이 떨어진 그녀는 결국 한 아랍인의 집에 들어가 지내지만 주인에게 겁탈을 당할 뻔하면서 뛰쳐나온다. 한편 특수군의 침투 임무를 수행하고 있던 승엽은 이향이 아직 마을에 있다는 사실을 알고 찾아가 재회한다. 이제 둘은 밀수업자의 차를 타고 사막을 가로질러 국경을 넘으려 하지만, 도둑들에게 습격을 당해 사막에 버려지게 된다. 두 사람은 목숨을 건 사막 횡단을 시작한다. 그리고 기운이 다할 즈음 서로의 마음을 고백하고 뜨거운 사랑을 나눈다. 그들은 기적처럼 사막의 유랑민을 만나 구조된다. 대한민국 대사관 앞에서 내린 이향은 승엽과 헤어지고 비행기에 오른다. 물론 이들의 사랑은 이루어지지 못한다.

「인샬라」에서 특이한 점 가운데 하나는 배경이 알제리라는 것이다. 영화 산업적인 측면에서만 봐도 굉장한 도전이다. 해외 촬영은 제작비가 엄청나게 많이 들고, 다른 나라의 스태프와 일해야 한다. 당연히 제작 기간도 길어진다(그래서인지 화질이 많이 떨어진다). 영화적으로 논해도 서울이나 평양이 아니라 이국이라면 말 그대로 이국적인 면, 그래서 신선하고 흥미로운 지점은 있겠지만, 그만큼 낯설기도 하다. 왜 서울도 평양도 아니고, 가까운 도쿄나 베이징도 아닌 머나먼 알제리까지 가야 했을까? 이것을 유추하기 위해서는 한승엽이라는 인물을 봐야 한다. 이 인물을 보는 내내 가장 의아한 점은 북한 말을 사용하지 않는다는 것이다. 놀랍게도 그는 서울말을 쓴다. 그래서 현실성이 떨어지기도 하지만, 그가 북한 사람이라는 사실을 잊어버리고 영화에 몰입할 수 있는 장점 아닌 장점도 있다. 다르게 생각하면, 사막의 이슬람 국가인 알제리는 남성 중심의 폭력이 일상적인 북한의 메타포로 작동하는 곳이기도 한다. 그런 곳에서 탈출하기 위해 목숨을 걸고 사막을 건너야 하니, 낭만성을 한층 끌어올릴 수도 있다.

이 모든 것을 넘어서 공간적 배경을 한반도와 완전히 다른 곳으로 설정했다는 데에 의미가 있다. 남한과 북한의 손길이 미치지 않는 그곳에서는 두 사람이 만나 이야기를 나누고, 여행을 함께하고, 사랑할 수 있다. 만약 서울이나 평양이라면 그런 일이 가능하겠는가? 도쿄나 베이징이라면 가능하겠는가? 결코 그렇지 않다. 더구나 알제리는 남한과 수교를 맺지 않은 나라이기 때문에 남한 사람을 만날 수 없고, 북한과는 수교를 맺었다 하더라도 북한 사람들 역시 매우 드물기 때문에, 알제리 경찰들은 두 사람을 그냥 〈코리안〉으로 안다. 승엽이 이향을 만나게 된 것도 이 때문이었다. 경찰의 착각. 사막에서 마주친 사람들도 그들이 체제가 서로 다른 남한과 북한의 사람이라는 사실에는 전혀 관심을 두지 않는다. 이슬람 국가에서 여성이 남성과 함께 여행한다는, 거의 불가능한 상황에만 관심을 가질 뿐이다.

1997년에 개봉했지만 서울 올림픽이 열린 1988년을 배경으로 한 이 영화를 보면서 관객들이 두 사람의 사랑이 결코 맺어질 수 없음을 예상하게 되는 것은 여전히 분단 상황이기 때문일 것이다. 아무리 머나먼 타국인 알제리이고 밀수업자로 오해받아 강제로 억류되었다고 하더라도 북한 사람과 접촉하는 것은 국가보안법 위반의 소지가 있다. 여전히 우리는 분단 속에 살고 있다. 해외라고 하더라도 북한 사람을 만나 이야기를 나눌 용기가 우리에게는 여전히, 아직도 없다. 그래서 「인샬라」를 보면서 알라의 뜻대로 이루어지리라고 빌 수는 있겠지만, 당사자들은 그 불가능해 보이는 사랑을 이루려고 노력하지 않는다. 어차피 헤어질 것을 알고 있기에 마치 순서가 된 것처럼 이별을 받아들인다. 차라리 사막에서 두 사람이 뜨거운 사랑을 나눈 뒤에 함께 죽었다면 더 깊은 인상을 남기지 않았을까, 라는 생각마저 들 정도다. 영화가 분단 문제보다 사랑에 더 깊이 집중했다면 그렇게 결말을 맺는 것이 오히려 나았을 것이다. 결과적으로 「인샬라」는 남한 사람과 북한 사람의 사랑을 그린 초기 영화라고 할 수 있다. 자유로운 만남이 이루어질 수 있는 제3국 알제리에서 만나 사랑을 나누지만 두 남녀는 당연하다는 듯이 이별을 고한다. 그럼에도 남북의 남녀가 이렇게 뜨겁게 사랑한 영화는 별로 없다.

「이중간첩」, 제3국으로 도피해서도 불가능한 사랑

「이중간첩」은 남북 남녀의 사랑을 다룬 기존의 영화와는 매우 다르다. 대부분의 영화가 북한 남성과 남한 여성, 또는 북한 여성과 남한 남성의 사랑을 그리고 있다면, 「이중간첩」의 설정은 좀 복잡하다. 남과 북 어디에도 속할 수 없는 남녀의 불운한 사랑을 그리고 있다.

영화의 시작은 1980년, 동베를린이다. 북한 대사관에서 근무하던 림병호(한석규)는 목숨을 걸고 귀순하지만, 그것은 위장이었다. 이중간첩이었던 것이다. 남측 정보기관 내 대공 정보 분석실로 배치된 그는 3년의 시간이 지난 뒤 지령을 접수한다. 라디오 프로그램의 DJ 윤수미(고소영)와 접선하라는 지시였는데, 이후 두 사람은 연인으로 위장해 공작을 한다. 그런데 문제가 발생한다. 고정 간첩이었던 수미의 아버지가 월북한 뒤 숙청을 당했고, 그런 상황에서도 고정 간첩 임무를 외롭게 수행하고 있던 수미에게 병호는 연민을 느끼게 된다. 한편 남한에서 기획한 북파 간첩단의 정보를 수미를 통해 북한에 전달해 공적을 세운 병호에게 위험이 닥친다. 고정 간첩의 우두머리인 청천강(송재호)이 체포되자 그를 살해하라는 지령이 북한에서 내려오는데, 이것은 북한이 병호를 버렸다는 것을 의미했다. 이때 남한의 안기부에서도 작전 실패의 책임을 병호에게 돌리기 위해 조작을 한다. 이제 병호는 갈 곳이 없다. 북한에도 못 가고 남한에서도 살 수 없는 수미 역시 마찬가지다.

이렇게 보면 「이중간첩」은 북한에서 내려왔거나 남한에서 살고 있지만 고정 간첩으로 활동하고 있는 이들의 사랑을 그리고 있기 때문에 기존의 영화와는 전혀 다른 느낌을 받을 수 있다. 서울에서 활동하고 있는 간첩들의 사랑 이야기가 불쾌하게 다가올 수도 있고, 이들의 사랑을 결국 북한과 남한이 모두 처단하기 때문에 측은하게 느껴지기도 한다. 이중간첩은 남한과 북한에서 이중으로 고용되어 스파이 활동을 한다는 의미지만, 결국 이들은 양쪽 모두로부터 버림받는다. 그럼에도 이들이 서로 사랑할 수 있었던 것은 그런 처지를 깊이 이해했기 때문이다. 북한에서 홀로 내려온 병호와 아버지가 월북한 수미는 처지가 비슷하다. 둘 다 가족과 떨어져서 서울에서 외롭게 살아가는 처지다. 게다가 신분마저 속인 채 살아가고 있다. 이러한 상황이 두 사람을 서로 사랑하게 만들었고, 결국 그 사랑을 지키기 위해 목숨을 걸고 제3국으로 도피하는 상황에 이르게 된다.

그런데 「이중간첩」을 영화적 설정으로만 보더라도 이해하기 어려운 측면이 있다. 2003년에 개봉된 영화임에도 냉전적 사고가 지나치게 강하다는 것이다. 이미 「간첩 리철진」이나 「공동경비구역 JSA」 등이 개봉한 상황에서 〈조국 통일의 혁명〉을 위해 목숨 바쳐 일하는 것을 이해하기 어렵다. 〈당이 죽으라면 죽는다〉라는 무서운 전체주의가 2003년의 관객들을 설득하지 못했던 것이다. 생계형 간첩을 코믹하게 그린 영화를 본 관객들에게 지나치게 냉전적 사고에 갇힌 영화는 그리 흥미롭게 다가오지 않는다. 당대 최고의 스타인 한석규와 고소영이 출연했음에도 흥행에 참패한 데는 이유가 있다.

남한에서도 버림받고 북한에서도 버림받는다는 것은 남북 어느 곳에서도 살 수 없다는 의미다. 그래서 병호와 수미는 브라질로 간다. 이것은 마치 최인훈의 소설『광장』의 설정과 같다. 부두에서 노역을 하면서 살아가는 병호와 수미는 그러나 행복하게 살지 못한다. 영화는 끝내 병호를 죽이고 만다. 살해 지령을 내린 쪽이 남측인지 북측인지는 언급하지 않는다. 병호가 죽어가던 시각 수미는 함께 외식을 하기 위해 병호를 기다리고 있다. 이때 수미는 만삭의 몸이다. 이것은 병호와 수미의 비극적 사랑을 강조하기 위해서인가, 한반도를 벗어나더라도 분단의 비극에서 벗어날 수 없음을 보여 주려는 의도인가, 그도 아니면 후대까지 이어지는 불행을 강조하기 위해서인가? 그 어느 것이든 슬픔이 덜해지지는 않는다. 「이중간첩」은 남과 북에서 모두 버림받은 이들이 제3국에서도 살아갈 수 없는 비극을 매우 차가운 시선으로 그리고 있다.

「적과의 동침」, 순진한 꿈의 비극적 결말

「적과의 동침」은 꽤 강한 멜로 코드를 내장하고 있다. 결혼 직전에 전쟁이 터져 식을 올리지 못한 설희(정려원) 앞에 인민군 장교인 유학파 정웅(김주혁)이 나타난다. 인민군이라 강압적으로 마을을 접수할 것 같지만 정웅은 그렇게 하지 않고 설희의 말을 존중한다. 그런데 여기에는 사연이 있었다. 설희의 아버지와 정웅의 아버지는 만주에서 함께 독립 운동을 한 사이였다. 당시 그곳에 온 어린 설희를 정웅은 기억하고 있었던 것이다. 잔혹한 인민군 병사와 달리 정웅은 백석의 시를 고이 간직하고 있을 정도로 문학청년이고 순수한 젊은이다. 그러나 둘 사이에 공감대가 형성되는 순간, 인천상륙작전이 성공해 인민군이 후퇴하기 시작한다. 정웅은 떠나기 전에 마을 사람들을 모두 죽이라는 상부의 명령을 따르지 않고 설희와 함께 죽고 만다.

「적과의 동침」에서 주목할 점은 국군이 거의 등장하지 않는다는 것이다. 영화는 마을 주민들과 인민군 사이에 펼쳐지는 아기자기한 이야기들로 채워진다. 국군은 마지막 장면에서 마을 사람들이 인민군에게 학살당하기 직전에야 등장한다. 그것도 미군이 주축이 된 연합군이라 국군이라고 하기에는 무리가 있다. 그런데 중요한 것은 연합군이 등장하는 맥락이다. 반공 청년단 단원이던 설희의 정혼남이 인민군 책임자 정웅의 묵인 아래 도망갔다가 연합군을 데리고 나타난 것이다. 강력한 화력을 앞세운 연합군이 인민군과 구덩이 속에 있는 주민들을 향해 총을 난사한다. 그런데 마을 사람들과 설희는 자신들을 학살하려는 〈나쁜〉 인민군과 달리 정웅 같은 〈착한〉 인민군도 있다는 것을 안다. 그리고 착한 인민군이 나쁜 인민군을 죽인 뒤에 연합군이 나타나 착한 인민군인 정웅을 사살한다. 결국 연합군은 마을 사람들과 함께 살 수 있는 인민군을 죽인 것이므로, 영화에서는 적대자에 가깝다.

이런 점은 반공 청년단원인 약혼자가 아무런 일도 하지 않다가 약혼녀를 버리고 도망을 간 뒤 데리고 온 이들이 연합군이라는 점에서 선명하게 드러난다. 조금 더 자세히 말하자면, 반공 청년단은 마을의 유지였지만 전쟁이 일어나자마자 혼자 도망가듯이 피난을 갔다. 부모가 다 죽은 뒤에 몰래 숨어 들어와 약혼녀의 도움을 받았으나 또다시 그녀를 버리고 도망친 사람이다. 그러나 인민군 책임자 정웅은 만주에서 독립 운동을 했던 집안의 후손이다. 설희의 아버지와 정웅의 아버지는 만주에서 독립 운동을 했는데, 설희의 아버지가 일본군에게 사살될 때 그 자리에 어린 정웅과 설희가 있었다. 정웅은 정말로 남한을 해방시키고 그녀를 찾기 위해서 내려온 것이다. 백석의 시 「나와 나타샤와 흰 당나귀」를 외울 정도로 문학에 심취한 그는 정통성을 지닌 엘리트다.

그 엘리트 인민군 장교가 과거 만주에서 독립 운동을 했던 아버지 친구의 무덤에 성묘하고 그의 딸을 만난다. 아마도 그는 평소에도 이를 꿈꾸었을 것이다(아마 정웅은 만주에서 설희를 본 이후 그녀와의 결혼을 꿈꾸었을 것이다). 그리고 그는 정말로 인민들의 세상을 만들기를 원했을 것이다. 그런데 막상 내려와서 보니 남한은 그가 생각하던 세상이 아니었다. 인민들은 어떤 혁명도 원하지 않았다. 서로 사랑하고, 자식을 낳아 키우고, 계절의 흐름에 맞춰 살면서 땀 흘려 일하고, 그 결실을 맺는 것이 그들이 바라는 삶이었다.

인민들은 그야말로 순진무구하다. 물론 기회주의자도 있지만, 그보다는 순수한 이들이 훨씬 많다. 상황이 이러니 인민들의 세상을 인민군이 새롭게 만들 필요가 없다. 여기서 중요한 점이 있는데, 영화는 이념을 중요하게 여기지 않는다는 것이다. 인민군도 공산주의 사상으로 무장한 이들이 아니고(심지어 정웅은 마르크스 책 속에 시집을 넣어 읽고 있다), 민중은 지극히 순박한 존재이다. 그래서 영화는 이념 때문에 발생한 전쟁을 다루고 있지만 정작 이념 대립은 보여 주지 않는다. 오히려 그것은 하나의 조롱거리가 되어 버린다. 설희가 정웅에게 하는 말, 〈인민의 세상 만드셔야죠〉라는 조롱을 보라. 이 말을 받아들일 만큼 순진한 정웅은 낭만주의자다. 그러나 설희와 정웅의 사랑은 맺어지지 않는다. 인민군과 연합군에 의해 두 사람은 죽음을 맞는다. 「적과의 동침」은 북한에서 내려온 낭만주의자 장교와 남한의 순박한 처녀의 은근한 사랑을 그리지만 전쟁은 그들을 모두 죽게 만들었다.

「동창생」, 여전히 비극적인 사랑

「동창생」에서는 앞의 영화와는 또 다른 사랑의 이야기가 펼쳐진다. 정확히 말하면, 사랑 이야기를 하고 있는지 확실하게 드러나지 않는다. 대강의 줄거리는 이렇다.

북한의 고등학생인 명훈(최승현)은 남파 공작원이었던 아버지가 누명을 쓰면서 여동생 혜인(김유정)과 수용소에 갇힌다. 그곳에서 명훈은 정찰국 소속 문상철(조성하)에게 동생을 구하려면 간첩이 되라는 제안을 받는다. 명훈은 동생을 지키기 위해 제안을 받아들인다. 고등학생 강대호로

3장 남북 남녀의 비극적 사랑

위장한 그는 동생과 같은 이름을 가진 혜인(한예리)을 만나게 되고, 동창생 혜인을 통해 여동생 혜인에 대한 그리움을 달랜다. 명훈의 꿈은 거창하지 않다. 빨리 임무를 끝내고 북한으로 돌아가 동생과 함께 사는 것이다. 그러나 그것은 이루어지기 어려운 꿈이다. 임무를 수행하면서 문제가 발생하기 때문이다.

북한을 다룬 영화 가운데 「동창생」이 특이한 점은 북한의 내부 권력 다툼이 남한에서 전개된다는 것이다. 명훈이 수행하는 공작 임무는 남한의 정보를 수집하거나 요인을 암살하는 것이 아니라, 북한에서 파견된 간첩을 사살하는 것이다. 북한 정찰국 소속의 간첩과 노동당 35호실 소속의 간첩 사이에 갈등이 발생해, 남한에서 그들 간의 암투가 벌어졌기 때문이다. 김정일에서 김정은으로 이어지는 권력 승계 시점에서 발생한 두 기관의 힘겨루기였다. 탈북한 북한 요인을 암살하는 내용의 영화는 있었지만, 이렇게 북한 간첩들 사이의 암투는 무척이나 낯설다. 결국 권력 투쟁에서 정찰국이 밀리면서 명훈은 임무를 완수하고도 북으로부터 버림을 받는다. 이제 명훈은 북으로 돌아갈 수도 없고 남에서 살 수도 없다.

영화에서 명훈과 혜인이 서로에게 호감을 느끼게 된 것

은 가족이라는 키워드 때문이다. 명훈은 서울에서 양부모에게 입양된 것으로 나오지만, 사실 양부모의 집은 정찰국의 핵심 아지트다. 이름만 부모일 뿐 부모로서 하는 역할은 전혀 없다. 그래서 명훈은 항상 동생 혜인을 그리워한다. 아버지가 배신을 당해 죽었고 어머니도 존재하지 않기 때문에 여동생 혜인은 오빠이자 아버지로서 보호해야 할 대상이다. 남한에서 만난 동창생 혜인은 왕따를 당하는 학생이다. 일진들이 그녀를 괴롭히고 돈을 빼앗을 때 유일하게 명훈이 나서서 도와준다. 명훈은 동생과 이름이 같은 그녀에게 관심을 갖게 된다. 혜인도 가족 없이 홀로 살아가고 있다. 명훈은 그런 그녀를 더욱 보호해 주고 싶었을 것이다. 명훈은 혜인이 댄스 학원에 등록할 때 오빠 역할을 하고, 그렇게 혜인이 서울에서 유일하게 의지할 수 있는 사람이 된다. 그래서 명훈은 부상을 당했을 때 혜인의 옥탑방으로 가서 의지하고, 혜인은 명훈을 정성껏 보살펴 준다. 그런 혜인이 문상철에게 잡혔을 때 명훈은 그녀를 구하고 자신은 죽음을 맞는다.

명훈과 혜인의 관계를 사랑이라고 단정 짓기는 어렵지만, 사랑이 아니라고 말하기도 어렵다. 간첩이라는 사실을 알고도 혜인이 명훈을 치료해 주는 것이나, 여동생 혜인이 남한에 내려온 상황에서 명훈이 위험을 무릅쓰고 동창생 혜인을 구하는 것은 사랑이 아니면 설명하기 어렵다. 쫓기던 명훈이 댄스 학원으로 혜인을 찾아가는 것도 사랑이라는 이름이 아니면 설명하기 어렵다. 다만 이들의 나이가 10대 후반으로 설정되어 있어 이들의 관계를 사랑으로 그리지 않았으리라 짐작할 수 있다.

남한에 이미 여동생 혜인이 내려와 있고, 국정원에서 보호를 받고 있기 때문에 명훈은 자수해서 남한에서 살아갈 수도 있었지만, 동창생 혜인을 구하다가 죽고 만다. 결국 영화는 하나원에서 퇴소하는 혜인을 명훈의 친구 혜인이 찾아가서 만나는 것으로 끝난다. 동창생 혜인이 명훈의 동생을 보살피면서 함께 살아갈 것임을 암시하는 듯하다. 북한 남성과 남한 여성의 사랑은 끝내 맺어지지 못했지만, 혜인이라는 두 여성을 통해 새로운 가족이 만들어졌다.

3
이루어질 수 없는 사랑

분단과 전쟁을 겪었고, 남과 북이 대치하는 상황에서 독재를 경험했으며, 남과 북이 단절된 채 민간인이 서로 만나기만 해도 국가보안법으로 구속되는 것이 우리의 현실이었다. 그러니 남한과 북한의 남녀가 만나서 사랑을 한다는 것은 영화에서나 가능할 뿐 현실적으로는 불가능한 일이다. 70년 이상 헤어진 이산가족도 편지 한 장 제대로 주고받지 못하는데, 아니 편지는커녕 생사조차 알지 못하는데, 어떻게 남북의 남녀가 〈만나〉 사랑을 할 수 있겠는가? 만날 수조차 없는 상황이니 사랑은 아예 불가능하다. 그럼에도 남북 남녀의 사랑 이야기가 등장하는 것은 분단된 한반도의 통합과 통일에 대한 염원의 발로이거나 메타포로 읽어야 한다.

「인샬라」는 남한의 비수교국인 알제리를 배경으로 위험

에 처한 남한 여성을 전투 임무 때문에 파견된 북한 남성이 도와주면서 두 사람이 서로 사랑하게 되는 이야기다. 「이중간첩」에서는 북한과 남한 모두에서 버림받은 남녀가 제3국으로 도피해 살아가는 이야기를 그렸다. 「적과의 동침」은 한국전쟁 시기로 플래시백해서 해방 전 만주에서 만난 적이 있던 인민군 장교와 남한의 처녀가 서로를 좋아하지만 끝내 전쟁의 벽에 가로막히는 이야기다. 「동창생」은 서울에 침투한 10대의 북한 간첩이 여동생과 같은 이름을 가진 여학생을 도와주다가 서로의 처지에 끌려서 좋아하게 되는 내용이다. 그러나 네 편의 영화 모두에서 사랑은 이루어지지 않는다.

「인샬라」에서 사막을 횡단해서 대한민국 대사관에 도착한 여성은 북한 남성과 헤어져서 남한으로 돌아오고(만약 현실에서라면 여성은 안기부에서 조사를 받아야 하고, 남자 주인공은 북한에서 처벌을 받았을 것이다), 「이중간첩」에서 남자 주인공은 브라질까지 쫓아온 자객에게 암살당하고, 「적과의 동침」에서 남과 여는 인민군과 연합군의 총에 맞아 죽고, 「동창생」의 간첩은 여성을 구한 뒤 사살되고 만다. 모든 영화 속 남녀는 이별하거나 죽는다.

통일부에서 제작한 옴니버스 영화 「우리 지금 만나」(2019)

102

통일부에서 제작한 옴니버스 영화 「우리 지금 만나」 중 「기사선생」의 한 장면. 개성 공단을 배경으로 남녀의 불가능한 사랑 이야기를 다룬다.

가운데 한 편인 「기사선생」(김서윤) 역시 개성 공단을 배경으로 불가능한 사랑 이야기를 한다. 남녀 주인공이 우연히 만나 사랑의 감정을 싹틔우지만, 결국 영화는 두 사람이 영영 만나지 못하는 상황으로 치닫고 만다. 이것은 여전히 한반도가 분단되어 있다는 표시이고, 한민족의 불행의 메타포다. 너무도 당연하지만, 이런 생각을 해본다. 언제쯤 남북 남녀가 사랑의 결실을 맺는 영화를 만날 수 있을까? 아마도 통일이 되거나 적어도 연방제의 느슨한 통일이 되었을 때에나 가능할 것이다. 자유롭게 만나서 이야기를 나누고 사랑을 느낄 수 있는 조건이 선행되어야 한다. 남북 남녀의 사랑을 다룬 영화들을 보면서 괴로웠던 것은 현실과 영화적 설정 사이의 괴리 때문이었다.

남북 남녀의 사랑을 그린 영화가 전부 비극적이거나 불가능한 사랑을 그린 것은 아니다. 가령 제목마저 직설적인 「남남북녀」(정초신, 2003)에서 북한 인민무력부장의 딸 영희(김사랑)와 남한 국정원장의 아들 철수(조인성)의 사랑은 이루어진다. 연변의 고구려 고분 발굴단에서 만난 두 사람은 서로 사랑하지만 분단 상황 때문에 어쩔 수 없이 헤어지게 된다. 영희를 그리워하던 철수가 평양에서 열린 학술대회에 참석해 발표를 하던 중 사랑을 고백하게 되고, 이를 본 김정일 장군이 결혼을 허락한다는 내용이다. 그러나 이 영화는 너무 비현실적이고 코믹해서 리얼리티가 떨어진다. 우선 고구려 고분을 전문가 하나 없이 남북의 대학생들이 발굴한다는 설정이 말이 되지 않고(만남 자체가 말이 되지 않는다), 두 남녀가 자연스럽게 나이트클럽에 가는 것도 비현실적이지만(서사 전개가 말이 되지 않는다), 무엇보다도 철수가 평양에 가서 사랑을 허락받는다는 설정이 가장 비현실적이다(엔딩도 말이 되지 않는다). 남북 화해 분위기가 무르익던 2003년에 개봉했음에도 흥행에 참패한 것은 이러한 비현실적인 설정과 깊은 관련이 있을 것이다.

「나의 결혼 원정기」(황병국, 2005)는 탈북자와 농촌 총각의 사랑을 그리고 있다. 농촌 총각 홍만택(정재영)이 결혼하기 위해 친구와 우즈베키스탄에 간다. 그곳에서 통역을 담당한 탈북자 라라(수애)를 만나 그녀를 사랑하게 된다. 이런 상황에서 우즈베키스탄 여성이 마음에 들어올 리 없다. 만택은 라라에게 사랑을 고백한 뒤 고향으로 돌아온다. 그로부터 1년 후 갑자기 국정원에서 만택을 찾아온다. 김순이(라라의 본명)가 탈북해 서울에 도착했다는 것이다. 만택이 기뻐하며 뛰어가는 장면으로 영화는 끝나는데, 이 경우는 탈북자와 농촌 총각의 사랑이기에 〈이루어질〉 수 있었다. 북한의 여성이 아니라 탈북자 여성, 즉 대한민국 국민이 된 북한 출신의 여성이기에 가능한 이야기다.

이런 경우를 제외하고는 남북 남녀의 사랑은 이루어지지 못한다. 가령 북한 최고 지도자의 딸이 서울에서 우연히 만난 남자와 사랑에 빠지지만 그들의 사랑은 맺어지지 않는다. 「휘파람 공주」(이정황, 2002)가 그러하다.

다시 생각해 본다. 언제쯤 남북 남녀가 사랑해서 결실을 맺는 영화를 만날 수 있을까? 그런 날이 빨리 오면 좋겠다.

얼굴의 총타와 비극의 시작

: 「테크기 휘날리며」, 「포화 속으로」, 「고지전」

1
기이한 경향의 영화들

최근의 영화를 보면 기이한 경향을 하나 발견할 수 있다. 이름만 들어도 알 수 있는 꽃미남 스타들이 북한 요원이나 간첩, 탈북자 등으로 출연한다는 것이다. 강동원, 하정우, 김수현, 최승현(T.O.P), 공유, 현빈, 정우성, 이선균, 주지훈 등이 북한 요원으로 출연한 영화가 연이어 만들어져 대부분 흥행에서도 성공을 거두었다.「의형제」,「베를린」(류승완, 2013),「은밀하게 위대하게」(장철수, 2013),「용의자」(원신연, 2013),「동창생」,「공조」(김성훈, 2017),「강철비」,「PMC: 더 벙커」(김병우, 2018),「공작」(윤종빈, 2018) 등의 영화 가운데「동창생」과「PMC: 더 벙커」를 제외한 나머지 영화는 모두 400만 명 이상의 관객을 동원했다.

어떻게 이런 일이 일어날 수 있었을까? 북한군 병사 역을 미남 배우가 맡는다는 것만으로도 문제가 되었던 것이 우리의 지난 역사 아니던가. 이것을 두고 격세지감이라고 해야 할까?

분단 직후 한국전쟁을 겪으면서 북한에 대한 이미지는 좋지 않았다. 아니, 좋지 않은 정도가 아니라 북한은 우리의 주적(主敵)이었다. 그래서 이념 대결이 한창이던 시절에는 북한 사람이나 간첩은 동물이나 짐승과 비슷한 수준으로 재현되었고, 재현되어야만 했다.[4] 그렇지 않을 경우 반공법 위반으로 감독이 기소되기도 했다.

가령 「7인의 여포로」(이만희, 1965)는 인민군 병사가 중공군으로부터 겁탈을 당할 위기에 놓인 남한의 여군을 구해 준 뒤 귀순하는 내용인데, 북한 인민군이 남한의 여군을 돕는다는 설정이 말이 안 된다는 이유로 감독은 반공법 위반으로 구속됐다. 유현목 감독은 그 시절의 인민군이나 간첩의 재현에 대해 〈국군은 무조건 영웅이고 강자여야 하며

---

4   남한 영화사에서 북한 재현이 가장 노골적이고 극단적인 시기는 유신 시기였다. 이 시기에는 국가가 설립한 영화 진흥 공사에서 국군의 막대한 지원을 받아 만든 일련의 반공 영화들, 어린이용 애니메이션으로 만들어졌지만 영화 역사상 가장 극단적으로 북한과 김일성을 그린 「똘이 장군」 시리즈, 여성 간첩을 아예 시리즈로 만들어 섹슈얼리티와 반공을 결합한 「특별 수사본부」 시리즈 등이 제작되었는데, 이런 영화에서 북한은 민족의 반역자이면서 잔혹한 학살자이고 (인민의) 가혹한 수탈자로 그려진다. 심지어 인간이 아니라 동물로 그려지기도 했다.

국군의 총 한 방으로 괴뢰군은 열 몇 명이 쓰러져야 하며 괴뢰니까 바보들이어야 당연[5]하다고 자조적인 목소리로 한탄하기도 했었다. 우리에게는 그런 과거가 있었다.

이런 상황에서 어떻게 꽃미남 배우들이, 그것도 우리 영화계의 스타로 인정받는 이들이 인민군 병사나 간첩으로 재현될 수 있었고, 또 그런 영화들이 어떻게 흥행에 성공할 수 있었을까? 익히 알고 있는 것처럼 위에서 거론한 영화들은 대부분 남북 관계가 그리 좋지 않은 이명박, 박근혜 정권 시기에 만들어졌다. 금강산 관광이 중단되고 연평도 포격 사건이 발생하거나 개성 공단이 문을 닫는 등 극단적인 대결 시기에 이런 영화가 등장한 것은 놀랍다고 하지 않을 수 없다. 무엇보다 〈간첩은 위협과 공포의 구체적인 표상이며 동시에 육화되어 나타나는 북한의 실체로 여겨지며 전쟁이 끝나지 않았음을 보여 주는, 분단을 현재화시키는 존재〉[6]라는 사실은 전혀 변하지 않았기 때문이다.

그런데 우리가 잊고 있는 사실이 하나 있다. 이런 영화들이 등장하기 직전에 북한 재현에 관한 일련의 흐름이

---

5   유현목, 『예술가의 삶: 영화 인생』, 혜화당, 1995, 154면.
6   이현진, 「분단의 표상, 간첩: 2000년대 간첩 영화의 간첩 재현 양상」, 『씨네포럼』 제17호, 2013, 77면.

존재했다는 사실이다. 다음 영화들을 보자. 「공동경비구역 JSA」, 「태극기 휘날리며」(강제규, 2004), 「웰컴 투 동막골」, 「포화 속으로」(이재한, 2010), 「고지전」(장훈, 2011), 「적과의 동침」 등에서는 송강호, 장동건, 정재영, 차승원, 류승룡, 김주혁 등 인기 있는 스타 배우들이 북한 사람으로 출연한다. 이들을 통해 북한은 거의 짐승 같은 존재가 아닌 다른 모습으로 재현되었고, 서사에서도 다른 길을 걸었다. 어떻게 보면 최근 흐름의 전조라고 할 수 있는 이 시기의 영화들을 보면, 오히려 앞서 거론한 또 다른 경향을 쉽게 이해할 수도 있을 것 같다는 생각이 든다.

이 장에서는 「태극기 휘날리며」, 「포화 속으로」, 「고지전」 등에서 어떤 방식으로 북한을 재현하고 있는지 살펴보면서, 이를 통해 지금 우리가 지닌 북한에 대한 잠재의식을 짚어 보려 한다.

2
평화의 시기에 등장한 한국전쟁 영화들

논의를 펼치기 전에 먼저 살펴보아야 할 것은 북한군을 꽃미남 배우들이 재현한 시기가 2000년 직후라는 사실이다. 가령 「공동경비구역 JSA」에서 처음으로 북한군을 〈인간적〉으로 그리기 시작했다고 할 수 있는데, 바로 이 영화의 개봉 시기가 2000년이다. 익히 알고 있는 것처럼, 2000년은 역사적인 첫 남북 정상회담이 열렸던 해다. 남북 정상회담은 단지 역사적인 사건에 그치지 않고 우리 사회에서 북한을 바라보는 시선이 바뀌는 계기가 되었다. 그런 점에서 남한 대중의 달라진 시선을 반영한 「공동경비구역 JSA」가지닌 상징적인 의미가 남다르다고 할 수 있다.

정상회담 이전에 언론에서 주로 다룬 북한 소식은 철저하게 닫힌 시선 안에서 만들어진 것이라서 대부분의 남한 사람들은 북한을 강력한 적대자나 체제의 위협자로 인식하고 있었다. 이에 반해 일부 운동권에서는 북한을 자본주의 사회의 대안으로 인식하기도 했다. 바로 그런 시기에 정상회담과, 이를 계기로 다양한 남북 교류가 이루어지면서 북한에 대한 두 시각 모두 자연스레 변화하게 되었다.

가령 북한을 적대자로 생각하던 이들은 북한도 사람이 살고 있는 곳이라고 생각하기 시작했고(그래서 같은 언어를 사용하고 같은 역사를 지닌 민족이라는 것을 피부로 느끼게 되었고), 이상향으로 생각하던 이들은 사회주의가 인민을 먹여 살리기 쉽지 않다는 사실을 받아들이게 되었다(그래서 사회주의라는 이념과 현실의 괴리를 느껴야만 했다).

이 시기에 가장 대중적인 매체라고 할 수 있는 영화에서 북한을 어떻게 그리고 있는지 살펴보는 것은 흥미로운 일이다. 「태극기 휘날리며」, 「포화 속으로」, 「고지전」 등은 꽤나 의미 있는 흥행을 기록했으므로(많은 이들이 영화를 관람했다는 것은 영화적 재현에 공감했다는 것으로 받아들일 수 있다), 영화에서 재현된 북한에 대한 대중의 공감대가 형성되었다고 평가할 수 있기 때문이다. 물론 이런 공감대에도 불구하고 여전히 어떤 한계가 있는지도 살펴보아야 할 것이다.

이제 세 편의 영화들을 구체적으로 논할 차례다. 먼저 확인할 수 있는 것은 대부분의 영화가 한국전쟁 시기를 다루고 있다는 사실이다. 한국전쟁을 다루고 있는 텍스트를 좀 더 세분화해서 살펴보면, 흥미롭게도 3년이라는 전쟁의 시기를 위의 영화들에서 매우 다양하게 다루고 있다는 것을 알 수 있다. 전쟁 초기 남한의 최대 위기였던 낙동강 전선의 이야기를 다루기도 하고, 휴전 직전의 매우 치열했던 전투의 시공간을 다루기도 한다. 여기서 당연히 의문이 생긴다. 왜 이 영화들은 전쟁의 공간으로 들어간 것일까? 영화가 개봉하던 그 시기에는 남북 화해 분위기가 조성되고 처음으로 양쪽 지도자가 만나 정상회담을 개최하는 평화로운 시기였지 않은가? 그 시기에 왜 영화들은 가장 치열했던 이념 대결의 장인 동족상잔의 비극 속으로 들어간 것일까? 결론부터 말하자면 역설적이게도, 정말로 이것이 중요한데, 이 영화들은 전쟁의 무상함을 고발하고 휴머니즘을 말하기 위해 전쟁 속으로 들어간 것이다.

「태극기 휘날리며」에서는 이념과는 전혀 상관없이 전쟁의 극한 상황 속으로 끌려간 동생 진석(원빈)을 구하기 위해, 정말 오로지 그 목적만을 위해 형 진태(장동건)도 군인이 된다. 그리고 군인이 되어서는 진석을 데려오기 위해 죽음을 각오한 전투를 수행한다. 그런데 그런 전투 속에서 진태는 점점 살인 병기가 되어 간다. 약혼녀 영신(이은주)과 진석이 죽었다고 생각한 그는 동생을 죽인 남한을 버리고 북한으로 가서 〈전쟁 영웅〉이 되지만, 이미 그는 제정신이 아니다. 뒤늦게야 진석이 살아 있다는 것을 알게 된 진태는 진석을 살려 보내려고(결국 살려 보내고) 자신은 비장한 죽음을 맞는다. 「태극기 휘날리며」라는 거창한 제목과 달리, 영화는 반공을 주장하지 않고 전쟁의 참상을 고발하면서 휴머니즘을 거론한다. 왜 전쟁이 발발했는지 묻지 않고, 형제가 오로지 전쟁의 처절한 생사 현장에서 벗어나기 위해 싸우고 또 싸우다가 미쳐 버리고 죽는다.

어떻게 보면 「포화 속으로」는 반공 영화의 컨벤션 속에서 작동하는 것처럼 보인다. 〈북괴〉의 침략으로 속절없이 밀리던 국군은 영덕에서 패하고 난 뒤, 포항에 학도병 71명만 남겨 둔 채 모두 낙동강 전선으로 이동해 버린다. 학도병들은 이제 인민군 766유격대를 상대해야 하는 상황이다. 처음에는 아무것도 할 줄 모르던 그들이 차츰 군인이 되어 가면서 북한의 최정예 부대와 맞서 싸우다 모두 전사한다. 이렇게만 보면 영화는 〈조국〉을 지키기 위해 목숨을 던진 학도병의 이야기를 그리고 있는 것처럼 보이지만(적어도 표면적으로는), 좀 더 안으로 들어가면 북한 인민군의 재현에서 차이가 난다는 것을 알 수 있다. 인민군 진격 대장 박무랑(차승원)이 학도병을 군인으로 생각하지 않고(즉 학생으로 생각하고) 죽이려 하지 않는 모습과, 심지어 그들에게 공격을 당하면서도 왜 학도병까지 죽여야 하는지 묻는 모습을 통해 휴머니즘을 보여 준다고 할 수 있다.

「고지전」은 휴전 직전의 상황을 다룬다. 애록 고지라는 가상의 공간, 그러나 한국을 상징하는 분단과 전쟁의 이 공간에서 치열한 전투가 벌어진다. 처음에는 전쟁의 대의에 공감했지만 서로 죽이는 치열한 전투, 고지를 뺏고 빼앗기는 치열한 전투 속에서 이들은 왜 싸워야 하는지 그 이유를 잃어버렸다. 휴전 합의가 이루어졌지만 합의가 발효되는 시간까지 그들은 싸워야 한다. 발효 시각의 점령지를 기준으로 경계선이 그려지기 때문에 고지를 점령하기 위한 최후의 전투를 벌여야만 하는 것이다. 그리고 그 전투에서 싸우던 양측 군인은 모두 죽는다. 죽기 직전 강은표(신하균) 중위는 인민군 중대장 현정윤(류승룡)에게 왜 싸워야 하는지 진지하게 묻는다. 그러나 영화는 이들이 왜 죽어야 하는지 답을 주지 못한다. 영화 시작 부분에서 현정윤은 도망가는 국군 병사에게 남한군이 싸움에서 진 이유는 싸워야 할 이유를 모르기 때문이라고 말했지만, 죽어가는 자신도 이제는 그 이유를 모른다고 고백한다. 이유를 모른 채 싸우다 죽어가니, 죽어가는 병사들의 모습에 휴머니즘을 느끼지 않을 수 없다.

이처럼 나열한 모든 영화는 한국전쟁 시기를 다루고 있거나 분단의 극한 공간에서 발생한 사건을 다루고 있다. 영화적 배경이 한국전쟁 시기인 것은 분단의 극단적인 대결을 그리려는 것이 아니라 역설적으로 분단이 불러온 전쟁이 얼마나 폭압적이고 폭력적인지, 그리고 얼마나 우리를 비인간적으로 만드는지 고발하기 위해서다. 그래서 참으로 이상하게도 영화의 결말이나 주요 부분에서는 반드시 전투 장면이나 총격 장면이 등장하는데, 이 전투나 총격은 상대를 죽이기 위한 것이 아니라 그런 전투나 총격이 얼마나 비인간적이고 반휴머니즘적인지 고발하기 위해 배치되었다. 즉 전쟁의 시공간에서 인간적인 가치를 지키려 노력했던 이들을 보여 주면서 전쟁의 참상을 고발하고 있는 것이다.

이런 의미에서 보자면 위에서 거론한 영화가 기존의 영화와 확연히 구분된다는 것을 알 수 있다. 1960년대에 대중적으로 흥행했던 전투 영화나 첩보 영화, 1970년대의 영화진흥공사에서 제작한 영화나, 반공영화상[7]을 받은 영화들이 재현하고 있는 한국전쟁이나 전투와는 너무도 다른 모습이다. 이제 우리는 분단 이후 최초로 남북 정상이 만나던 시기에 왜 한국전쟁을 그린 영화가 연이어 등장했는지 이해할 수 있다. 폭압적인 한국전쟁 속에 꽃핀 휴머니즘을

7   대종상의 반공영화상은 1966년에 지정되었다. 지정 당시 반공영화상과 반공 시나리오상으로 구분되었는데, 이것은 시장에서 스스로 성장하던 북한 재현 영화들에 대해 정부가 일정한 방향을 제시함으로써 통제하거나 육성하겠다는 의도를 드러낸 것으로 볼 수 있다. 1965년에 이미 정부는 이만희 감독의 「7인의 여포로」가 용공 행위를 그렸다면서 감독을 구속했었는데, 이것은 정부가 직접 영화를 규제하고 통제하겠다는 의도를 드러낸 사건이라고 할 수 있다. 이 사건 이후로 영화계는 정부의 눈치를 보면서 정부가 제시한 안을 영화 속에 재현해야 했고, 정부는 그런 영화에 상을 주면서(또한 외화 수입 쿼터라는 절대적 권한을 보상으로 주면서) 반공이라는 국시를 알리려 했다.
정부가 이처럼 자신들의 정책을 강하게 추진할 수 있었던 데에는 1964년 베트남 전쟁 파병이 가장 큰 역할을 했다. 베트남전에 파병하면서 정부는 자연스럽게 경제 성장과 반공 의식을 강조했고, 이에 반해 북한은 베트남을 돕는다는 미명 아래 공비를 침투시키거나 도발을 감행했다. 경제 성장을 이루는 동시에 북한의 도발을 막아 내야 하는 상황에서 정부는 반공을 전면에 내세워 지배 이데올로기를 공고히 하고자 했다. 그런데 아이러니하게도 반공영화상이 제정된 뒤 이상한 문제가 발생했다. 그동안 자생력을 갖고 있던 액션 스펙터클 중심의 전투 영화나 서스펜스 스릴러 계열의 첩보 영화가 흥행력을 잃거나 장르 수명을 다하면서 이제 반공 영화는 극단적으로 북한을 재현하지만 흥행은 안 되는 상황이 발생한 것이다. 결국 1966년을 경계로 반공 영화의 양상이 달라졌고, 반공 영화의 핵심이라고 할 수 있는 북한의 재현 양상이 확연히 구분되었다.

말하기 위함이었다. 북한군 병사가 남한군 병사를 구해 주는 기이한 현상을 이 영화들에서 볼 수 있는 것도 이 때문이다.

3
죽음으로 이어지는 흉터

휴머니즘을 구현하기 위해 한국전쟁의 전투를 보여 주는 앞의 영화들에서 확인할 수 있는 또 다른 특징은 주인공이 대부분 죽는다는 것이다. 「태극기 휘날리며」의 진태와 영신도 죽고, 「포화 속으로」의 학도병과 인민군 병사도 대부분 죽고, 「고지전」에서도 남과 북의 병사들은 죽는다. 주인공이라고 할 수 있는 「태극기 휘날리며」의 진태, 「포화 속으로」의 학도병 장범(최승현)과 갑조(권상우), 인민군 박무랑, 「고지전」의 강은표 중위, 김수혁 중위, 현정윤 인민군 중대장 등은 모두 죽는다.

이렇게 주인공이 거의 죽는 영화가 비슷한 시기에 등장한 것은 우연일까? 단지 카타르시스를 불러일으키기 위해 주인공을 죽인 것일까? 비슷하지만 조금 다른 의문도 든다. 인민군 병사가 죽을 때에 관객이 느끼는 카타르시스를 어떻게 이해해야 할까?

흥미로운 점은 주연급인 인민군 병사가 죽을 때 악을 응징한 선의 승리라는 극적 쾌감보다는 안타까움을 느끼게 한다는 사실이다. 이전의 영화들에서는 국군이 물리쳐야 할 대상인 인민군이 죽으면 관객이 극적 쾌감을 느끼게 했지만, 텍스트로 삼은 영화들은 결단코 그렇지 않다. 죽음을 통해 카타르시스를 느낀다고 하더라도, 적어도 인민군이 죽을 때 카타르시스를 느끼는 영화는 이제까지 거의 존재하지 않았다. 「태극기 휘날리며」의 진태가 죽을 때에는 동생을 생각하는 형의 마음이 되어 눈물을 흘리지 않을 수 없다. 「포화 속으로」의 박무랑은 인민군이지만 학도병을 죽이려 하지 않았기 때문에 그가 죽을 때 통쾌함을 느끼기 어렵다. 「고지전」의 현정윤이 죽을 때 전쟁 초기의 당당하던 그의 모습을 볼 수 없어 안타까움마저 든다.

이렇게 보면 이 세 편의 영화들에서 북한을 재현하는 방식이 변화했다는 것을 알 수 있다. 사악하고 무자비한 인민군이 아니라 통이 크면서도 개인의 처지를 이해하는, 그야말로 인간적인 인민군이 이 시기의 영화에 등장한 것이다. 그래서 그들이 죽을 때 관객들은 쾌감보다는 안타까움을 느끼게 된다. 이것은 한국 영화사에서 매우 큰 변화라고 할 수 있다. 지금까지 이런 식으로 북한을 재현한 영화는 단연코 없었다. 북한 인민군이 거의 희생의 이미지로 그려지고 있으니 변화한 것은 분명해 보인다.

세 편의 영화들에서 볼 수 있는 마지막 특징은 주인공인 인민군 병사의 얼굴에 깊은 흉터가 있다는 점이다. 정말 이상하게도 이 시기 개봉한 영화들에서는 인민군의 얼굴에 흉터가 있다. 당대를 대표하는 배우들인 장동건, 차승원, 류승룡 등이 얼굴에 깊은 흉터가 있는 모습으로 등장한다. 「태극기 휘날리며」의 진태는 남한 군인으로 나올 때에는 흉터가 없다가 인민군의 영웅이 되었을 때에는 깊은 흉터를 지닌, 거의 비정상적인 사람처럼 재현되었다. 「포화 속으로」의 박무랑은 처음부터 얼굴에 흉터를 지니고 있다. 「고지전」의 현정윤은 전쟁 초기에는 말끔한 얼굴이었지만 애록 고지에서는 아주 흉측한 흉터를 지닌 괴물처럼 변해 있다.

인민군의 얼굴에 생긴 흉터가 기이해 보이는 것은 국군의 얼굴에는 흉터가 없기 때문이다. 또는 국군일 때는 흉터가 없다가 인민군으로 재현될 때에만 흉터가 있기 때문이다. 생각해 보면, 국군 중에는 얼굴에 흉터가 있는 경우를 찾기 힘들다. 그렇다면 인민군의 얼굴에만 흉터가 있는 것

「고지전」의 현정윤은 계속되는 전쟁으로 인해, 조국 해방의 사명감을 잊어 버린 채 전쟁의 염증을 느끼게 된다. © SHOWBOX

은 무엇을 의미할까? 이들의 얼굴에 있는 흉터 이전에 먼저 기억해야 할 것은 이들이 악인은 아니라는 사실이다. 이미 앞에서 거론한 대로 위의 영화들에서 등장한 인민군은 기존의 영화에 나오는 인민군과는 다른 모습이다. 그들은 더 이상 절대적인 악의 존재가 아니다. 적군이지만 어린 학도병을 함부로 죽이려 하지 않는 인민군이거나, 단지 동생의 복수 때문에 국군을 이탈한 인민군이거나, 포로가 된 국군 병사를 죽이지 않고 풀어주는 인민군이다. 그런데 이런 인민군은 대부분 죽음을 맞는다. 바로 이 부분에서 이들의 얼굴에 있는 흉터를 상기해야 한다.

이들은 매혹적인 인민군이지만 결국 죽고 만다. 매혹적이고 인간적인 인민군이기 때문에 죽고 마는데, 얼굴의 흉터는 바로 그 징표의 표출이다. 즉 꽤나 유명한 배우들이 인민군 병사로 등장했지만, 그들은 국군이 아니라 인민군이기 때문에 관객이 볼 때에는 그리 편하지 않다. 그렇다고 남북 정상이 만나는 마당에 과거처럼 악당의 모습으로 인민군을 재현할 수는 없을 것이다. 그래서 북한을 동포로 재현하면서도 한편으로는 관객이 느끼는 심리적 거리감을 표현하기 위해 얼굴에 흉터를 만들었을 것이다. 다시 말해 관객이 쉽게 다가가기 어려운 존재로 그린 것이다. 그리

고 그렇게 재현된 인물조차 죽음을 맞게 함으로써 쉽게 가까워질 수 없는 남과 북의 거리감을 적절하게 보여 주었다. 평론가 박유희가 인민군의 얼굴에 새겨진 〈흉터는 북에 대한 심리적 거리를 반영하는 동시에 여전히 존재하는 어쩔 수 없는 경계를 반영한다〉[8]라고 한 것은 바로 이런 의미다.

인민군 병사의 얼굴에 새겨진 흉터는 〈처음부터 그들이 죽을 운명임을 드러내는 낙인이 되고, 그들의 죽음에 대한 암묵적인 기대는 영화에서 관객의 몰입을 지속시키는 주요한 동력으로 작용〉[9]했다고 할 수 있지만, 그럼에도 이 부분에서 살펴보아야 할 것은 인민군으로 그려진 이들의 이미지가 여전히 〈북한 포비아〉와 깊은 관련이 있다는 사실이다.

가령 「태극기 휘날리며」에서 진태는 국군일 때에는 정상적인 모습이지만 인민군이 되었을 때에는 인민의 영웅임에도 마치 정신병자처럼 재현되어 있다. 그래서 그는 자신을 찾아 사선을 넘어온 동생, 그토록 사랑하는 동생조차 처음에는 알아보지 못한다. 「고지전」에서도 2초라는 특등 사

---

8   박유희, 「한국형 전쟁 영화: 흉터로 남은 사내들」, 《영화평론》 24호, 2011, 167-168면.
9   박유희, 같은 글, 152면.

수가 여성이라서 남한군이 그녀의 신분을 모르도록 설정했는데, 이것은 여성마저 사수로 만드는 북한의 잔혹한 측면을 보여 준다고 할 수 있다. 「포화 속으로」에서는 낙오병을 죽이는 잔혹한 인민군을 통해 북한 체제의 비인간적인 면을 드러낸다. 영화는 휴머니즘적인 인민군은 체제로부터 벗어난 일부 병사일 뿐이고, 북한 체제는 여전히 독재적이고 비인간적이라는 것을 보여 주고자 한다. 이 때문에 위 영화들에 나타난 인민군은 인간적이고 매혹적이지만, 북한 체제는 여전히 두려움이나 혐오, 배척의 대상이 된다.

4
북한 재현의 변화들

2000년대 이후 영화들에서는 북한 재현이 많이 변화했다는 것을 알 수 있다. 이제 북한은 무조건적인 공포의 대상이거나 적대의 대상으로만 그려지지 않는다. 그럼에도 불구하고 이 시기의 대표적인 영화들을 보면 여전히 북한에 대한 거리감을 읽을 수 있다. 꽃미남 배우들이 인간적인 인민군 병사로 등장하지만 그들의 얼굴에는 흉터가 있고 결국 죽는다. 그들을 죽게 만든 것은 남한이 아니라 북한 체제다.

돌아보면, 북한을 공포의 대상이거나 악의 표상으로만 그리지 않게 된 것은 1990년대 들어서였다. 민주화 운동의 성과도 있었고 동시에 해금의 시대를 맞아 한국전쟁을 돌아보면서 그 시대를 제대로 성찰하려는 영화들이 등장했다. 원작 소설을 영화로 만든 「남부군」, 「태백산맥」 등이 대표적인 작품이다. 이념적 대결 구도 속에서 북을 선택해 좋은 세상을 만들려고 했던 이들의 이야기를 다룬 이 영화에서 인민군은 무자비하게 사람을 죽이는 악한이 아니라 시대를 고민하는 혁명가의 모습으로 그려진다.

이런 극화의 심화된 버전이 바로 본문에서 거론한 인민군의 재현이라고 할 수 있다. 〈매혹적인 안티고니스트〉라고 할 수 있는 인민군은 전쟁의 당위성을 지니고 있으면서도 사람을 아낄 줄 아는 휴머니스트이고, 대의를 위해 죽을 줄 아는 로맨티스트다. 그러나 그들은 전쟁의 소용돌이 속에서 죽을 수밖에 없는데, 얼굴의 흉터가 그런 운명을 상징한다. 텍스트로 분석한 영화 외에도 「공동경비구역JSA」의 오경필(송강호)은 처음부터 눈 아래에 깊은 흉터가 있고(그는 특수 훈련을 받은 전쟁 베테랑이다), 「웰컴 투 동막골」의 리수화(정재영)도 얼굴에 흉터가 있다. 다만 멜로 코드를 내장한 「적과의 동침」의 정웅(김주혁)은 얼굴에 아주 미세한 흉터가 있을 뿐인데, 이것은 멜로가 진행되면서 미세하게 지워졌다가 후반부에 다시 나타난다. 이런 역할을 송강호, 정재영, 김주혁처럼 톱스타가 맡은 것도, 본문에서 분석한 텍스트와 같다.

그러나 그 시대는 오래가지 않았다. 「간첩 리철진」, 「그녀를 모르면 간첩」, 「간첩」 등의 영화에서는 이념적으로 대결하는 구도가 사라지고 오직 생계를 걱정하는 간첩들이 등장한다. 이제는 이념보다 경제가 중요한 시대가 되었기 때문이다. 사실 이 시기부터 이념 대결은 종식되었다고 할 수 있다. 북한에서는 고난의 행군으로 엄청난 수의 사람이 굶어 죽었고, 남한은 세계 10위권의 경제 대국이 된 상황에서 이념 대결은 무의미하다는 것을 남한의 대중은 알고 있었고, 이를 영화감독들은 코미디 형식으로 극화한 것이다.

2010년 이후에 만들어진 영화에서는, 이미 앞의 절에서 짧게 거론한 대로 꽃미남 배우들이 간첩이나 탈북자, 북한군으로 등장한다. 그들은 북한 체제를 위해 목숨을 건 임무를 수행하는 것이 아니라 오로지 자신의 가족을 위해 위험한 임무를 수행한다. 남한에서 활동하지만, 북한에 두고 온 가족을 위해 임무를 수행하지 않을 수 없다. 결국 북한 체제로부터 버림받게 되면서 북한 체제와 싸움을 시작하지만, 대부분은 죽거나 남한을 떠나는 것으로 끝난다. 여전히 북한은 일부 이탈자를 제외하면 무서운 존재로 그려지고, 간첩이나 탈북자는 남한에서도 살아갈 수가 없다. 이것이 지금의 우리 모습이다.

분단 이후 우리에게 가장 큰 물음은 언제나 〈북한이란 무

4장 얼굴의 흉터와 비극의 시작

엇인가〉일 것이다. 북한은 같은 동포이지만 주적이었다. 이 극단적으로 폭넓은 스펙트럼 속에서 우리는 서로 다른 시선으로 북한을 바라보았다. 무엇보다 동족상잔의 전쟁을 치른 후 그 상처는 쉽게 치유되지 않았다. 여전히 남한은 북한을 바라보는 시각에 따라 극명하게 갈라진다. 이 차이를 어떻게 바라볼 것인가? 영화가 그 시대의 집단적 무의식을 반영하는 매체라는 전제에 동의한다면, 우리는 영화를 통해 북한에 대한 변화된 이미지를 추적하고, 이를 바탕으로 어떻게 평화와 통일의 길로 갈 수 있을지 고민할 필요가 있다.

5장

꽃미남으로 재현된 북한

: 「베를린」, 「은밀하게 위대하게」, 「용의자」, 「백두산」

1
기이한 경향, 이상한 재현

앞 장에서 짧게 거론한 것처럼, 2010년 이후 개봉한 한국 영화를 보면 기이한 현상을 하나 발견할 수 있다. 강동원, 하정우, 김수현, 공유, 현빈, 정우성, 주지훈 등 톱스타로 꼽히는 배우들이 간첩이나 북한 요원의 역할을 맡고 있다는 것이다. 무엇보다 이 현상이 놀라운 것은 이 배우들은 영화계의 최고 스타일 뿐 아니라 자타가 공인하는 〈꽃미남〉 배우라는 것이다. 더욱 놀라운 사실은 이 배우들이 간첩이나 북한 요원으로 출연한 영화들이 대부분 흥행에 성공했다는 사실이다. 도대체 이 현상을 어떻게 이해해야 할까?

무엇보다 이 영화들이 개봉된 시기가 2010년 이후라는 점을 고려하면 왜 이 현상이 기이한지 이해할 수 있다. 2008년에 취임한 이명박 대통령은 북한에 대해 강경한 자세로 일관해 결국 그해 10년 만에 금강산 관광이 중단되었고, 2010년에는 북한에 의한 연평도 포격 사건이 발생했다. 교류가 끊어지고 무력 포격이 발생한, 그야말로 전쟁 직전의 상황으로 치닫던 〈신냉전〉의 시기였다. 이명박의 뒤를 이은 박근혜 정부에서는 남북 교류의 상징이던 개성 공단마저 2016년에 문을 닫으면서 남북 간의 교류는 완전히 단절되고 극단적 대결로 치달았다. 북한은 핵무기 개발에 박차를 가하면서 남한을 강하게 비판했고, 대한민국은 그런 북한을 미국, 일본과 함께 강하게 압박했다.

이런 시기에 북한에서 내려온 간첩이나 북한 요원을 꽃미남 배우들이 연기했고, 그런 영화들이 흥행에 성공했다는 사실을 어떻게 봐야 할 것인가? 북한에 대한 남한의 시각은 변하지 않은 것 같은데, 영화만 변한 것인가? 더구나 북한이 핵무기를 개발하면서 공포의 대상이 되어 가던 시기에 꽃미남 배우가 북한을 재현한다는 것은 무엇을 의미하는 것일까? 이 장은 바로 이런 의문에서 출발한다.

영화 속 북한(군)에 대한 재현은 1980년대 말까지는 거의 획일적이었다. 지리산에 남아 있는 빨치산을 그린 반공 영화 「피아골」(이강천, 1955)이 오히려 용공 영화로 평가받으면서 반공 영화에 대한 남한 영화계의 시각은 획일적으로 굳어졌다. 1980년대 후반까지 오랜 시간 동안 만들어진 반공 영화의 효과는 생각보다 심각하다. 왜 그런지는 아래를 보면 알 수 있다.

반공 영화는 바로 이와 같은 작업을 통해서 분단 아비투스를 신체화한다. 그것은 트라우마적 사건이 남긴 고통이나 아픔을 끊임없이 들추어냄으로써 트라우마를 작동시키고 타자에 대한 적대성을 강화함으로써 〈내부〉를 집단적으로 강화하고 분단국가의 권력을 〈전체주의〉적 권력으로 바꾸어 놓는다. 스피노자가 말한 것처럼 전제 군주는 대중의 〈슬픈 정서〉를 먹고 자란다. 분단국가의 전제 권력은 대중의 슬픔과 비참함을 타자에 대한 증오로 바꾸고 그것을 통해서 자신의 권력을 강화하는 〈증오의 정치학〉을 작동시킨다. 따라서 분단을 대중의 신체에 아로새기는 분단 아비투스(사회문화적 환경에 의해 결정되는 제2의 본성 — 인용자)에 대한 해체 작업은 분단 트라우마가 남긴 고통과 아픔을 극복하는 작업 없이 제대로 수행될 수 없다.[10]

---

10   건국대학교 통일인문학연구단, 『영화 속 통일 인문학: 대중문화로 본 역사적 트라우마의 치유』, 씽크스마트, 2018, 35면.

반공 영화는 분단으로 인한 트라우마를 치유하기는커녕 오히려 들추어냄으로써 타자에 대한 적대감을 강화했다. 남한의 현실적 고통의 원인을 북한의 탓으로 돌리게 하고 그런 북한에 맞서 반공주의를 내세우는 정권을 적극적으로 옹호하게 함으로써 분단 트라우마를 극복할 방법을 잃어버렸다. 극단적인 대결의 장에서 반공 영화는 이렇게 대중을 선동하면서 북한을 적대화하는 전략을 만들어 냈다.

그러던 북한 재현이 바뀌기 시작한 것은 1990년대 들어서다. 소위 민주화 운동의 성과가 드러나면서 북한에 대한 재현에서도 변화가 생긴 것이다. 다음을 보자.

1990년대에는 그동안 다루어지지 못했던 빨치산이나 좌익 운동을 소재로 취하여 인민군 혹은 공산주의 그룹의 내부로 들어감으로써 그들도 우리와 같은 피해자임을 보여 주는 영화들이 나온다. 2000년대에 가면 한국전쟁을 비롯해 간첩, 탈북, 이산가족 상봉 등 〈북〉에 관련된 다양한 제재가 새롭게 부상하고 재배치되는 장르의 관계망 안에서, 그리고 장르 문법 자체의 개연성이 우위를 점하는 가운데 재현되며 그 표상이 다원화된다.[11]

11   박유희, 「고립된 전사, 경계의 타자: 탈냉전 시대 한국전쟁 영화에 나

개별 영화로 가면 「남부군」, 「태백산맥」 이후 북한군이나 빨치산의 이야기를 전쟁 당시의 이념적 상황 속에서 재현할 수 있었고, 「간첩 리철진」 이후에는 간첩에 대한 다른 시선이 등장했다. 여기서 더 나아가 「그녀를 모르면 간첩」, 「간첩」 등에서 이들은 더 이상 〈이념형〉 간첩이 아니라 〈생계형〉 간첩에 가까운 모습으로 재현된다. 〈생계에 허덕이는 간첩은 결국 관객 자신이 처한 처지이며, 이는 자신의 처지와 다를 바 없는 간첩 주인공을 통해 공감과 위안을 얻으려는 태도에서 유래한다〉[12]라고 평가할 수 있다.

짧게나마 한국 영화사에서 북한 요원이나 간첩의 재현 양상을 살펴본 것에서 알 수 있듯이, 2010년 이후 등장한 영화에서 북한 요원을 꽃미남 배우들이 재현하는 것이 매우 특이한 현상이라는 것을 알 수 있다.

이 장에서는 어떤 영화에서 누가, 어떻게 재현하고 있는지, 무엇을 재현하고 있는지 살펴보고, 이를 통해 동시대 대중의 욕망을 읽어 내려 한다. 이 장에서 텍스트로 삼은 영화는 북한 요원이나 간첩, 탈북자를 재현한 2010년 이후

타난 〈북(北)〉의 표상」, 『민족문화연구』 58호, 2013, 756면.
12   김충국, 「분단과 영화: 봉합의 환상을 넘어 공존의 실천으로」, 『한국민족문화』, 2014, 291면.

의 영화 가운데 관객 400만 명 이상을 동원한 영화로 한정
했다. 이렇게 한정한 이유는 대중적 성공이라는 잣대가 대
중적 욕망을 반영하는 매우 중요한 요소라고 판단했기 때
문이다.

2
경향의 흐름들

이런 경향의 영화들을 살펴보기 전에 먼저 대중 영화에서 조선족을 재현하는 방식과 북한을 재현하는 방식을 비교해 볼 필요가 있다. 흥미롭게도 두 부류의 영화에서 재현 양상은 극명하게 갈라진다. 「황해」(나홍진, 2010), 「신세계」(박훈정, 2013), 「아수라」(김성수, 2016) 등에 재현된 조선족은 잔혹한 범죄자의 모습이다. 조선족은 마치 살인 기계처럼 살인을 저지르는 캐릭터로 등장한다. 이후에 나온 영화 「청년 경찰」(김주환, 2017)에서는 〈대림동이 조선족만 살아서 무법천지의 위험한 지역이 되었다고 설명한 다음, 조선족을 추악한 범죄를 저지르는 주범으로 등장시킨다.〉[13] 〈그들은 지저분하고 남루한 차림인 데다, 혐오스

---

13 김경욱, 「〈청년경찰〉, 웃으며 보는 차이나타운의 지옥도」, 『프레시안』, 2017년 9월 21일.

럽게도 심지어 수십 명이 동물들처럼 한 공간에서 잠을 잔다.)[14] 흥행에 성공한 「범죄도시」(강윤성, 2017)는 또 어떤가. 「범죄도시」는 조선족이 많이 사는《가리봉동》으로 한정되고, 그곳은 한국인이 접근하기에는 너무 위험한 치외법권의 공간이자 일종의 게토처럼 재현된다. 한국 영화에서 부정적으로 묘사되는 공간을 이렇게 노골적으로 명시하는 경우는 매우 드물다.)[15]

이처럼 조선족은 거의 예외 없이 범죄 조직의 일원으로 묘사되고, 북한 요원이나 간첩, 탈북자들은 꽃미남 배우가 맡아 재현하는 것은 매우 기이한 현상임에 분명하다. 오히려 〈북한 포비아〉가 여전히 존재하는 상황임을 고려하면, 영화 속 북한 재현이 더 공포감을 주어야 하는데 그렇지 않은 것이다.

이제 2010년 이후 영화에서 북한 요원을 꽃미남 배우가 연기한 영화들을 살펴보려 한다. 텍스트로 삼은 영화들은 다음과 같다.[16]

14   김경욱, 같은 글.
15   김경욱, 「너무도 폭력적인 〈범죄도시〉, 관객은 왜 찾는가」, 『프레시안』, 2017년 11월 3일.
16   「의형제」의 강동원, 「공조」의 현빈, 「강철비」의 정우성 등도 있지만, 다른 장에서 이미 다룬 영화들이라 여기서는 제외했다.

제목	감독	관객 수	북한인 역	남한인 역	적대자
베를린(2012)	류승완	7,166,532명	하정우	한석규	북한 체제/국정원
은밀하게 위대하게(2013)	장철수	6,959,083명	김수현	홍경인	북한 체제/국정원
용의자(2013)	원신연	4,131,338명	공유	박희순, 조성하	국정원
백두산(2019)	이해준, 김병서	8,252,669명	이병헌	하정우	화산 폭발

[표] 2010년 이후 분단 영화의 주연 배우 캐스팅(관객 400만 명 이상)

위 [표]에서 먼저 눈에 띄는 것은 관객 수다. 상대적으로 흥행이 저조한 「용의자」가 약 413만 명을 동원했고, 가장 흥행에 성공한 영화 「백두산」은 825만여 명을 기록했다. 이 부분에서 주목할 것은 이런 영화가 속칭 〈중대박〉에 해당하는 400만 명에서 〈대박〉에 해당하는 800만 명을 동원하는 데는 성공했지만, 천만 영화는 되지 못했다는 사실이다. 400만 명 이상을 동원했다는 것은 영화 속에 그려진 북한과 간첩에 대한 재현을 관객들이 부담 없이 받아들였다는 의미로 해석할 수 있고, 천만 영화가 되지 못했다는 것은 폭넓은 대중적 공감대를 얻지는 못했다고 해석할 수 있다. 다시 말해 천만 영화를 기록하지 못했다는 것은 북한을 그린 영화에 대한 관객의 불편함이 조금은 존재한다는 의미이고, 400만 명 이상을 동원했다는 것은 그럼에도 영화 속에 그려진 북한과 간첩에 대해 어느 정도 편하게 받아들일 수 있었다는 의미인 것이다. 무엇보다 류승완을 제외하면 잘 알려지지 않은 감독들이라는 점을 고려하면, 위의 영화들은 영화 자체의 힘으로 흥행에 성공한 경우라고 할 수 있다. 이 부분이 이 영화들의 흥행을 분석하는 중요한 의미가 될 것이다.

다음으로 흥미로운 점은 주인공인 북한 요원의 적대자가 북한 체제이면서 남한의 국정원인 경우가 많다는 점이다. 표면적으로 이 영화들은 국정원이 간첩이나 탈북자를 추적하는 스토리를 취하고 있다. 「베를린」, 「은밀하게 위대하게」, 「용의자」 등이 그러하고, 「백두산」은 국방부가 직접 임무를 지시한다. 그런데 「용의자」를 제외하면, 국정원이 끝까지 적대자가 되는 것은 아니다. 주인공이라고 할 수 있는 간첩이나 탈북자의 적대자는 북한에서 내려온 또 다른 간첩인데, 이들은 급격하게 변화하는 북한의 정세 때문에 새로운 임무를 지시받은 이들로, 대부분 주인공과 대립한다. 이를 다르게 보면, 〈2000년대 간첩 소재 영화에는 같은 간첩이지만 성격이 다른 두 부류의 간첩이 등장한다. 주인공인 《착한 간첩》과 주인공을 위협하는 《나쁜 간첩》이 그것)[17]이라고 할 수 있는데, 위의 영화들도 그런 스토리를 따라간다. 「베를린」에서는 고위 간부의 아들이 내려와서 주인공과 그의 아내를 살해하려고 한다. 「은밀하게 위대하게」에서도 화해 분위기에 맞게 자살을 하라고 명하지만 따르지 않자 교관이 직접 내려와서 적대자가 된다. 「용의자」에서는 국정원의 조직원이 된 탈북자가 적대자가 되고, 「백두산」에서는 백두산에서 폭발한 화산이 적대자가 된다.

17   이현진, 앞의 글, 84면.

3
경향의 특징들 ─ 가족주의, 남한 비판, 장르 활용

이제 위에서 나열한 영화들의 특징에 대해 논하고자 한다. 이런 경향의 영화들이 어떻게 북한 또는 남한을 재현했기에 400만 명이 넘는 관객들이 부담 없이 영화를 볼 수 있었는지, 그리고 어떻게 북한을 재현했기에 천만 영화가 되지 못했는지 그 특징에 대해 살펴볼 차례다.

첫째, 이런 경향의 영화에서 유난히 강조되는 〈가족주의〉를 살필 필요가 있다. 왜 간첩이나 탈북자가 국정원에 쫓기면서도 새로 내려온 다른 간첩과 싸우거나 북한 체제와 싸우고 있는가? 위에서 거론한 영화들의 주인공은 한결같이 가족을 위해서 싸우고 있다. 「베를린」의 표종성(하정우)은 아내 련정희(전지현)와 함께 동명수(류승범)에게 쫓기고 있다. 북한 체제의 실력자인 동명수의 아버지는 베를린 지부를 장악하려고 아들을 파견해서 표종성을 비롯한 기존 세력을 모두 제거하려 한다. 「은밀하게 위대하게」의 원류환(김수현)은 북한에 있는 어머니를 그리워하며 자신의 임무를 수행하려 하지만, 다른 간첩이 내려오면서 혼란이 발생한다. 「용의자」의 지동철(공유)은 탈북자 리광조(김성균)가 자신의 아내와 딸을 죽였다고 생각하고 그를 살해하려 하지만, 국정원의 방해로 여의치 않다. 오히려 그는 아버지처럼 모시던 기업인을 죽였다는 누명을 쓴 채 도망 다녀야 한다. 「백두산」의 리준평(이병헌)은 딸을 구하기 위해 노력하고, 특전사 EOD 대위 조인창(하정우)도 만삭의 아내를 생각하며 임무를 수행하고 있다.

이처럼 주인공들은 모두 가족을 위해 목숨을 걸고 일하는 사람들이다. 아내와 딸을 위해서 목숨을 걸기도 하지만, 어머니를 생각하며 힘든 임무를 수행하기도 하고, 아내(와 딸)의 죽음을 복수하기 위해 살인자를 찾아 남한으로 내려오기도 했다.

여기서 이런 질문을 해볼 수 있다. 왜 북한이나 간첩을 다룬 영화에서 가족주의를 내세우고 있는가? 다르게 말하면, 남한 사람들에게서는 왜 가족주의를 찾아볼 수 없는가? 영화에서 남한 남성들을 통해 가족주의를 보여 주는 것은 불가능하다. 왜냐하면 영화 속에서 남한은 이미 가족이 해체된 상태이기 때문이다. 따라서 가족을 위해 목숨을 걸 필요가 없다. 또는 그럴 능력이 되지 않는다.

「베를린」의 정진수(한석규)는 가족이 없어 생일날에도 혼자 미역국을 먹는 처지다. 「은밀하게 위대하게」의 조두석(홍경인)은 홀어머니와 함께 살며 공무원 시험을 준비하는 처지이고, 「용의자」의 민 대령(박희순)은 결혼을 하지 않았다. 다만 「백두산」의 조인창만이 가족을 위해 목숨을 걸고 임무를 수행하고 있을 뿐이다. 이렇게 보면 〈남한 남성들의 가족은《결손》상태이고, 북한 남성의 가족은 정치적으로 볼모로 잡혀 있거나 경제적 문제로 실종된 상태〉[18]라고 할 수 있다. 그러니 가족을 위해 일해야 하는 그들의 처지를 자연스레 이해하게 된다.

이 부분에서 주목할 점은 간첩이나 탈북자가 남한으로 내려온 이유가 이념에 투철해서가 아니라는 사실이다. 과거의 간첩은 이념으로 무장한 이들이었지만, 2010년 이후에 재현된 간첩은 이념 같은 건 거의 신뢰하지 않고 오직 가족을 위해서만 임무를 수행하는 사람들이다. 영화는 이 부분을 매우 흥미로운 방법으로 재현하고 있어 흥행에 성공했다고 할 수 있다.

18   정희진, 『혼자서 본 영화』, 교양인, 2018, 183면.

둘째, 영화들에 드러난 남한 사회에 대한 비판을 읽을 수 있다. 북한 요원이나 간첩이 가족을 위해 목숨을 걸고 어려운 임무를 수행하고 있는 것과 달리, 남한의 남성들은 지켜야 할 가족이 없거나 가족을 지킬 능력이 안 된다. 관객들은 북한을 전체주의적 사회라고 생각하지만, 한편으로는 북한이 여전히 가족을 위해 목숨을 바칠 수 있는 순정이 살아있는 사회라고 여긴다. 반면 가족이 결손되거나 해체 중인 남한은 그렇지 않다고 보는 것이다. 즉 관객들의 눈에 남한은 이미 근대화를 지나 탈근대화까지 진행된 사회이고, 북한은 아직 전근대적인 사회에 머물러 있다. 북한을 보는 이런 시각 때문에 오히려 남한 사람들이 잃어버린 것을 북한 사람들은 여전히 지키고 있다고 생각할 수 있다는 것이다. 그중 하나가 바로 자본주의적 이기주의이다. 관객들이 보기에 개인주의에 빠져 자기 이익만 추구하는 남한 사람들과 달리, 북한 사람들은 가족을 위해서나 전체를 위해서 개인을 희생하고자 하는 정신을 지니고 있다. 결국 위의 영화들은 남한 사회에서 해체되고 있는 가족주의를 비추는 거울의 역할을 한다고 볼 수도 있다. 남한 사회의 약화된 가족주의를 비추는 것이다. 결국 영화 속에 재현된 북한은 전 근대적인 가족주의를 간직하고 있는 사회다. 남편이나 아버지가 가족을 위해 위험한 임무를 수행하는 것은, 남편이나 아버지에게 모든 것을 기대하는 전근대적인 사회의 특징과도 정확히 일치한다.

더 나아가면, 영화 속 남한 남성들에게서는 별 희망을 찾아볼 수 없다. 「베를린」의 정진수는 후배를 상사로 모셔야 하는 상황이고 정보에서도 배제되어 있다. 「은밀하게 위대하게」의 조두석은 번번이 공무원 시험에 떨어져서 별 희망이 없다. 「용의자」의 민 대령은 지동철을 놓친 일로 좌천되어 특공대 교육을 하면서 세월을 보내고 있다. 이처럼 영화 속 남한의 남성들은 이혼했거나 좌천되었거나 직업이 없거나 적은 월급으로 근근이 살아가고 있다. 이들에게는 별다른 희망이 없다. 남한의 남성이 가족을 위해 고민하고 싸우는 장면은 「은밀하게 위대하게」에서 잠시 나올 뿐이다. 「은밀하게 위대하게」에서 어머니 가게에서 행패를 부린 깡패들을 찾아간 조두석은 오히려 깡패들에게 실컷 얻어맞는다. 이때 이를 해결해 주는 인물이 두석이 평소 바보라고 생각하던 간첩 동구다. 말하자면 남한의 남성은 자신의 가족 문제를 스스로 해결하지 못해 간첩에게 의존해야 하는 처지다.

이런 설정은 「공조」에서도 똑같이 이어진다. 강진태의

가족이 위기에 처했을 때 그들을 구해 주는 것은 림철령이다. 그야말로 영화 속 남한의 남성들은 〈찌질이〉의 삶을 살고 있다고 하겠다. 이것은 무너진 중산층의 꿈을 재현했다고 할 수도 있는데, 그들에게는 목숨을 걸고 말고 할 가족조차 없다.[19] 사회적 지위가 흔들리고 꿈이 없는 신자유주의 남한 사회를 이 영화들은 아이러니하게도 북한을 끌어들여 비판하고 있는 것이다.

셋째, 위에서 거론한 영화들은 영리하게도 장르적 시스템을 이용하고 있다. 북한 요원과 간첩이 등장하는 영화들은 대부분 액션과 미스터리, 스펙터클, 그리고 코믹 요소를

---

19 텍스트로 선정한 영화들의 가족주의와 천만 영화에 등장한 가족주의를 비교하면 두 경향의 차이점과 공통점을 알 수 있다. 천만 영화는 많은 영화가 아버지의 부재로 인한 슬픔과 고통, 강한 아버지가 되고자 하는 욕망을 그리고 있는데, 대부분은 스펙터클로 영화적 쾌감을 선사한 뒤 신파적 멜로 코드로 눈물샘을 자극하는 방식이다. 결국 천만 영화의 핵심은 《아버지의 부재》를 판타지적 스펙터클로 재현해 놓은 것)이라고 해석할 수 있다. 이런 경향에 비해 가족이 결손되었거나 지킬 것이 없는 이들을 그린 영화들이 등장하는 것을 보면(거꾸로 북한 간첩이 가족을 위해 목숨을 거는 것을 보면), 여전히 우리는 가족주의를 그리워하고 그것이 사라져 가는 세태를 아쉬워하고 있다고 할 수 있다. 무엇보다 경제가 어려울수록, 즉 신자유주의가 가속화될수록 경제적 힘이 있었던 과거의 아버지를 그리워하거나 그런 아버지를 욕망한다고 해석할 수 있다. 이렇게 보면 텍스트로 선정한 영화와 천만 영화는 비슷한 영화적 코드를 다르게 사용하고 있는 것이다. 강성률, 『한국 영화에 재현된 가족 그리고 사회: 「미몽」에서 「고령화가족」까지』, 성균관대학교 출판부, 2018, 311면.

지니고 있다. 먼저 코믹을 통해 북한과 남한의 어울림의 어색함을 해결한 뒤 본격적으로 액션을 구사한다. 물론 미스터리 요소를 넣어 궁금증을 자아내기도 한다. 여기서 중요한 것은 액션을 구사하는 주체가 간첩이거나 북한 요원이라는 점이다. 다르게 보면, 북한 요원이 남한을 자유롭게 헤집고 다닌다는 말이다. 「베를린」에서만 제목처럼 베를린에서 총격전을 벌이고, 다른 영화는 전부 남한에서 총격전이 벌어진다. 심지어 「용의자」에서는 대낮에 서울에서 총격전이 발생한다. 남한 남성이 서울에서 총격전을 벌이면 문제가 되지만 북한 요원이나 간첩이 총격전을 펼치면 액션이 되고 스펙터클이 된다. 간첩과 더 나쁜 간첩의 총격전이 서울에서 벌어지고, 그 간첩을 잡으려는 국정원 요원과의 총격전이 벌어져 영화는 화려한 볼거리를 제공한다. 액션 영화에 대한 관객의 욕망을 총기 소지가 금지된 남한에서 다루기는 어렵다는 점을 고려하면 이는 스펙터클을 재현하기 쉬운 영화적 설정인 것이다. 즉 서울에 나타난 북한 요원이나 간첩이라면 이 문제를 간단하게 해결할 수 있다. 「쉬리」에서 재현한 전략을 이 영화들이 고스란히 반복하는데, 외화를 예로 들면 「본」 시리즈와 관련이 있다. 미스터리와 액션, 스펙터클을 도시 공간에서 재현한다는 점에서 그렇다.

그런데 이런 액션 장면들은 필연적으로 법과 질서를 어기는 상황을 재현해야 한다. 물론 장르적 장치라고 하더라도 이런 총격전은 그 주체인 북한 체제에 대한 비판으로 이어질 수도 있지만, 그런 상황을 막지 못하는 남한 사회에 대한 비판으로 연결될 수도 있다. 그래서 〈국가에 대한 이러한 반감이나 분노는 상징적 질서 속의 아버지, 곧 국가권력 내지 공권력에 대한 적대감으로 표현되는데, 주인공들이 국가에 대해 느끼고 있는 불신의 뿌리에는 국가/민족이 결코 개인의 안위를 지켜 줄 수 없다는 새삼스런 깨달음이 놓여 있다〉[20]고 할 수 있다.

다시 말해 총을 든 북한 요원이 가족을 지키기 위해서나 복수를 위해서 남한의 중심부에서 혼란을 일으킬 때 해고되거나 좌천된 남한의 남성들은 그 사건을 제대로 해결하지 못한다. 결국 영화는 남한의 남성이 문제를 해결하는 것이 아니라 간첩이 더 나쁜 간첩을 응징하는 것으로 끝나면서 이런 설정은 비판적 수위를 더욱 높이게 된다.

「용의자」에서는 부패한 국정원 간부를 탈북자가 응징한

---

20   오영숙, 「탈북의 영화적 표상과 공간 상상」, 『영화연구』 51호, 2012, 194면.

「용의자」의 한 장면. 이 영화에서는 남한 사회가 내부의 부패를 스스로 해결하지
못하고, 오히려 탈북자가 부패한 국정원 간부를 응징하고 있다. © SHOWBOX

다. 남한 스스로 내부의 부패를 해결하지 못하는 이러한 상황 설정은, 그만큼 남한은 부패의 연결 고리가 탄탄하다는 방증이 되기도 한다.

정리하자면, 꽃미남 배우들을 통해 북한을 재현한 영화들은 공히 이념으로 무장해서 남한에 침투한 간첩을 그리는 것이 아니라 가족을 위해서 임무를 수행하는 이들을 그린다. 그들은 이념적 색채를 거의 드러나지 않는다. 그들의 상대역인 남한의 남성들은 가족이 없거나 해고되거나 능력이 없어 그들의 적대자가 되지 못한다. 이런 상황에서 간첩은 북에서 내려온 더 나쁜 간첩과 대결을 펼치는데, 그런 장면들을 통해 관객은 스펙터클의 쾌감을 경험할 수 있다. 하지만 간첩을 남파해 혼란을 일으킨 북한이나, 이를 제대로 막지 못하는 남한에 대한 비판이 영화 속에 공히 녹아 있다고 할 수 있다.

4
북한을 보는 남한의 시선

이런 질문을 해볼 수 있다. 북한 요원을 꽃미남 배우로, 남한 남성을 〈찌질이〉로 재현하는 현상은 북한을 제대로 이해하는 것인가? 그리고 남과 북의 평화 정착에 도움이 되는가? 근원적으로 서술하면, 우리에게 북한이란 무엇인가라는 질문과도 닿을 것이다. 남한과 북한은 오랫동안 적대 관계를 유지해 왔고 지금도 여전히 대립하고 있다. 무엇보다 적대를 통해 이익을 얻는 이들이 양측에 자리 잡고 있는 상황에서 꽃미남 배우가 맡은 북한 요원이나 간첩이 가족을 지키기 위해 분투하는 것을 보며 관객들은 무슨 생각을 할까? 관객들이 북한을 포용하고 같은 민족으로 이해한 것인지, 그렇지 않다면 다른 생각으로 영화를 관람한 것인지 살펴보아야 한다. 이를 몇 가지 시각에서 분석하면 다음과 같은 결론을 얻을 수 있다.

첫째, 영화 속에 그려진 북한의 모습을 먼저 살펴봐야 한다. 영화에서 북한 요원이나 간첩이 매력적인 인물로 그려졌다고 해서 북한을 바라보는 시선이 바뀔 수 있을까? 영화를 보면 그렇지 않다는 것을 알 수 있다. 위에서 거론한 영화 속 주인공은 북한을 이탈한 사람들이다. 그들이 북한으로 돌아가지도 못하고 결국 죽거나 제3국으로 도피하는 것은 북한의 체제 때문이다. 결국 북한의 체제로 인해 그들은 죽을 수밖에 없기 때문에 관객들은 북한을 긍정적으로 인식할 수 없다.

게다가 영화에 재현된 북한은 가난한 독재 국가다. 여전히 북한은 부정적인 모습이고, 이 때문에 많은 관객들이 영화를 거부감 없이 관람할 수 있었을 것이다. 결국 〈이명박 정권 이후, 북한에 대한 적대와 혐오가 증가하는 상황에서 기이하게도 남성 스타들이 북한인으로 등장해 긍정적인 인물로 자리매김하는 가운데, 나머지 북한 사람들은 위험한 부류로 이분화하는 경향은 더욱 강화되었다〉[21]는 말이다.

둘째, 관객의 시선 문제를 거론할 수 있다. 매력적인 남

21   김경욱, 「〈강철비〉와 北 소재 영화의 스테레오타입」, 『프레시안』, 2018년 1월 26일.

성이 북한 요원이나 간첩으로 등장하고 남한 남성들은 〈찌질이〉로 재현되면서 여성 관객들은 북한 요원을 낭만적 연애의 대상으로 바라보아야 한다는 문제가 발생한다. 꽃미남 배우들은 남성적인 외모를 노골적으로 스크린에 전시한다. 가령 「용의자」의 공유는 수시로 벗은 몸을 보여 주면서 매력을 뽐내고, 「은밀하게 위대하게」의 김수현이나, 「베를린」의 하정우, 「백두산」의 이병헌 등도 벗은 육체를 한껏 드러낸다. 이처럼 잘생기고 무술 실력도 뛰어나고 심지어 가족을 위해 무엇이든 다 하는 매력적인 북한 인물이 영화 속에 재현되었지만, 결국 그와의 로맨스는 실현될 수 없다. 그리고 〈당대 남한 여성들의 낭만적 사랑의 욕구가 반영된 《남북》 영화는 역설적으로 북한 여성이나 남한 여성이 주인공이 되는 것을 불가능하게 만들었다. 이성애 제도에서 보는 사람(관객)이 여성일 때, 대상(화된 인물)은 남성일 수밖에 없다. 한반도 영화에서 여성 캐릭터는 사라졌다〉[22]라는 평가를 받아야 했다. 결국 이런 영화에서 북한 간첩은 남한 여성과 연애를 할 수도 없고(그는 자신의 가족을 찾거나 아내의 복수에만 관심이 있다), 북한으로 돌아가 아내와 행복하게 살아갈 수도 없다.

22   정희진, 앞의 책, 185면.

정리하자면, 영화에서 보여 주는 북한에 대한 시선, 그런 영화를 보는 관객들의 시선 모두 북한을 긍정적으로 그리고 있다고 보기는 어렵다. 북한을 이탈한 탈북자를 긍정적으로 그릴 뿐 북한 자체에 대해서는 부정적이다. 게다가 탈북자 역시 죽거나 남한을 떠나게 함으로써 우리 안의 북한에 대한 공포감을 드러낸다. 이런 영화적 설정은 통일을 지향해야 할 우리에게 긍정적인 요소가 있기는 하지만(탈북자를 긍정적으로 그린다는 점에서), 여전히 가야 할 길이 멀다는 것을 느끼게 한다. 아래의 글 역시 이런 문제점을 지적하고 있다.

탈북자 영화들의 많은 부분이 각각의 편차는 있을지라도 국민국가가 정체성 형성의 여러 가능한 원천 중의 하나에 불과한 세상이 되었음을 반영한다는 공통적인 속성을 가지고 있다. 영화 속의 탈북자는 이데올로기적 호명 방식으로부터 점차로 자유로워지고 있으며, 소속감이라는 것을 국민국가의 내부로 생각하던 과거의 틀로부터 보다 유연한 방향으로 변화되어 가고 있는 중이다. 탈북자는 이제 우리의 정체성이 민족 국가 건설의 도구로써 존재할 수 없으며, 어떤 동질적 감성을 형성하려는 동화주의적 틀로써는 포착할 수 없는 존재임을 간접적으로 증명하는 타자이다. 더 나아가 탈북자는 외부적 타자일 뿐만 아니라 국민국가가 지닌 단일 문화적 염원에 부응하지 못하는 수많은 내부적 타자의 대표자일 뿐이다.[23]

물론 탈북자에 대한 시선과 북한에 대한 시선이 다르다고 할 수도 있다. 그러나 지금처럼 간첩, 탈북자, 북한 요원을 그린다면 남과 북이 하나가 되어 단일 국가를 이루는 국민국가를 형성하지는 못한다. 그것은 조선족이 등장하는 영화들을 보면 단적으로 알 수 있다. 만약 탈북자가 조선족만큼 많아졌을 때 그들을 어떻게 그릴지 상상해 보라. 아마도 조선족에 대한 지금의 재현 방식과 그리 다르지 않으리라고 짐작할 수 있다. 이런 시각에서 흥미로운 영화가 「무적자」(송해성, 2010)이다. 홍콩 영화 「영웅본색」(오우삼, 1987)을 리메이크하면서 동남아와 밀거래를 하는 조직 폭력배를 탈북자로 그렸다. 기존의 탈북자를 다루는 영화와는 다르게 조직 폭력배의 삶을 살아가는 이들로 재현한 것이다. 물론 조선족처럼 잔혹한 범죄자로 재현하지는 않았

23   오영숙, 앞의 글, 207~208면.

지만, 앞으로 탈북자에 대한 재현이 조선족에 대한 재현과 그리 멀지 않은 거리에 있으리라는 짐작을 하게 한다.

이 부분에서 생각해 보아야 할 것이 최근 남한 영화에 뚜렷하게 나타나고 있는 브로맨스Bromance이다. 형제brother와 로맨스romance를 결합한 이 용어는 남성들 간의 진한 우정과 유대를 말하는데, 최근 몇 년 사이 브로맨스를 보여 주는 영화가 많아졌다. 남성 셋이나 넷이 등장해서 범죄의 문제로 빠져드는 내용이 남한 영화를 지배하고 있다고 할 수 있다. 여성은 배제되거나 들러리에 불과해서 거의 여성 주인공이 사라져 버렸다. 앞에서 거론한 영화 역시 브로맨스 경향의 영화들이다. 여성은 등장하지 않고 남성들만 등장해서 남한과 북한을 대표해서 형제처럼 지내거나 우정과 연대를 보여 준다. 간첩이나 북한 요원이 주인공이기 때문에 남한 여성과 로맨스가 싹틀 수 없고, 남한 남성들과의 브로맨스도 계속 유지되지 못한 채 죽거나 남한을 떠나는 것으로 나온다. 이런 시선에서 보면, 앞에서 살펴본 영화들 역시 지나친 남성주의에 빠져 있다고 할 수 있다.

5
어떻게 북한을 재현할 것인가

이제까지 꽃미남 배우들이 간첩이나 북한 요원, 탈북자 등의 역할을 맡아 임무를 수행하면서 스펙터클의 쾌감을 준 영화들의 특징을 살펴보았다. 이 영화들에는 대부분 간첩과 더 나쁜 간첩의 대결이 나오고, 이들을 추적하는 국정원 요원도 등장한다. 그런데 국정원으로 대표되는 남한 사람들은 무능하거나 비리와 연관된 인물이거나 결손 가정의 사람들이다. 오히려 이들의 문제를 간첩이 해결해 주기도 한다.

이렇게만 보면 북한을 보는 시선이 크게 바뀐 것 같지만, 꼭 그렇지는 않다. 이런 영화들은 북한을 이탈한 이들끼리 벌이는 갈등과 다툼을 다루고 있어, 더 나쁜 간첩을 남파한 북한에 대한 시선은 여전히 부정적이라는 것을 알 수 있다. 게다가 주인공과의 로맨스를 상상할 수 없는 여성 관객들

은 남자 주인공과의 동일시가 원천적으로 불가능한 상황
이다. 결국 탈북자는 죽거나 남한을 떠나는 것으로 끝난다.
이런 경향의 영화들을 긍정적으로 보자면, 북한이나 간첩
의 재현에서 분명 한 단계 발전했다고 할 수 있다. 탈북자
일지언정 매력적인 인물로 그리고 있기 때문이다. 그럼에
도 불구하고 여전히 한계가 있다는 점도 인지해야 한다.

　만약 남북이 통일을 지향한다면 영화가 남긴 숙제는 앞
으로 남한 영화가 어떻게 북한을 재현할 것인가로 귀결되
어야 한다. 통일이 아니라 연방제의 느슨한 이웃을 만들기
위해서도 이 문제는 반드시 논의되어야 한다. 이런 논의를
위해서는 먼저 위의 경향의 영화들을 세심하게 살펴보아
야 한다. 이를 통해 우리 안에 있는 북한에 대한 집단적 무
의식을 구체화하려는 노력이 필요하고, 이를 더 깊이 토론
하는 문화도 있어야 할 것이다. 그리고 남과 북의 평화를
위해 사회가 어떻게 바뀌어야 할지 방향을 잡아야 하고, 이
런 의식은 다시 영화에 반영되어야 할 것이다.

　결국 영화는 대중이 지니고 있는 북한에 대한 집단(무)
의식을 재현하는 것이기 때문에 영화가 변한다고 사회가
변하는 것은 아니다. 사회가 변하면 영화는 자연스럽게 그
변화를 반영하게 될 것이다. 텍스트로 삼은 영화들이 본론

에서 거론한 것과 같은 방식으로 북한을 재현한 것은, 북한에 대한 대중의 생각이 그와 비슷하기 때문이다. 특히 흥행에 성공한 영화의 북한 재현은 그런 방법으로 해석하지 않을 도리가 없다.

이런 상황에서 흥미롭게 본 최근의 영화는 이종석이 주연을 맡은 「VIP」(박훈정, 2016)와 주지훈이 북한 요원을 연기한 「공작」(윤종빈, 2018)이다. 「VIP」는 꽃미남 배우가 주연을 맡은 탈북자의 이야기를 다룬다는 점에서 본론에서 거론한 영화들과 궤를 같이하지만, 그를 연쇄 살인마로 등장시킴으로써 북한에 대한 적대적 인식을 보여 주고 있다.

497만 4,467명을 동원한 「공작」은 본론에서 거론한 영화들과 궤를 같이하지만, 가족주의나 탈북, 액션 스펙터클을 내세우지 않고 바로 북한 내부로 들어가서 그들의 모습을 보여 준다는 점에서 차이가 있다. 특히 「공작」의 경우, 남한의 보수 정권이 자신들의 이익을 위해 어떻게 북한과 결탁하는지, 그런 결탁에 북한은 어떻게 대응하는지 보여 줌으로써 북한과 남한을 모두 비판하고 있다는 점이 눈길을 끈다.

단순히 비교하자면, 「VIP」는 북한에 대한 우리의 공포를, 「공작」은 북한에 대한 우리의 현실을 보여 준 영화라고 할 수 있다. 아마도 앞으로의 논의는 두 영화의 자장 안에서 이루어질 것이다.

형제애, 한민족 메타포

: 「의형제」, 「공조」, 「강철비」

1
분단 영화가 나아갈 길

해방 이후 한반도에 닥친 가장 큰 사건은 아무래도 분단과 동족상잔의 비극인 한국전쟁일 것이다. 두 사건을 빼고 그 어떤 것도 이야기하기 어려운데, 아직도 우리는 분단된 상태에서, 그것도 대결 구도 속에서 살아가고 있기 때문이다. 1945년에 분단이 되고 1950년에 전쟁을 치렀지만, 여전히 분단은 현재 진행형의 현실이다. 분단은 과거의 사실인 동시에 현재의 문제이고 미래의 시급한 과제다. 당연히 우리는 어떻게 하면 이 분단의 상처와 고통에서 벗어날 수 있을지 고민해야 한다. 분단 때문에 우리가 엄청난 비용을 지불하고 있음은 물론이거니와 전쟁의 위협에 시달리고 있고, 미국과 주변 강국들 사이에서 어려움에 처해 있다. 어떻게 보더라도 분단 극복은 우리가 해결해야 할 가장 시급한 문제임이 분명하다.

6장 형제애, 한민족 메타포

만약 이런 정의가 가능하다면, 분단으로 인해 발생하는 모든 문제를 소재로 한 영화를 나는 〈분단 영화〉라고 정의하고 싶다. 물론 이런 정의는 이론적인 장르 정의가 되기에는 어려움이 있다. 분단을 다룬 영화들을 기존의 장르적 틀로 분류한다면, (크게) 한국전쟁의 전투를 다룬 전쟁 영화나 전투 영화, 간첩이나 스파이의 활동을 다룬 첩보 영화 스타일의 서스펜스 스릴러, 이산가족의 아픔을 그린 멜로드라마 등으로 구분할 수 있을 것이다.

그러나 생각을 조금 더 넓혀서 이론적 의미의 장르가 아니라 단지 분단과 전쟁으로 인해 발생한 문제를 다룬 영화를 폭넓은 의미의 〈분단 영화〉라고 정의한다면, 더구나 그것이 한국의 특수 상황을 전제로 한 것이라면, 그런 개념이 불가능한 것도 아니다. 특정 장르나 장르 이론에 대해 이론가나 비평가들이 서로 다르게 평가하는 것처럼, 장르는 온전하게 정해진 개념이나 이론이 아니다. 그러므로 분단 영화라는, 다소 〈느슨한〉 개념의 장르 정의가 전혀 불가능한 일은 아닐 것이다.

단순하게 말하면 장르라는 개념이 발생한 것은 제작자와 관객의 약속 때문이다. 특정 영화를 보고 느낀 감흥을 다른 영화에서도 느낄 수 있기를 바라며 제작자는 비슷한 영화를 만들어 관객들에게 보여 준다. 눈물을 욕망하는 관객에게는 멜로드라마를, 웃음을 원하는 관객에게는 코미디를, 통쾌한 복수와 정의를 원하는 이들에게는 액션 영화를 만들어 각각의 목적을 충족시켜 주었던 것이다. 그렇게 보면 장르는 매우 단순한 개념처럼 보이지만, 좀 더 들어가면 결코 쉽지는 않다. 필름 느와르나 서부극처럼 스토리와 스타일에서 명확히 구분되는 컨벤션이나 아이콘이 있는 경우도 있지만, 멜로드라마나 코미디처럼 그렇지 않은 경우도 있다. 단적으로 코미디는 웃음을 목적으로 하지만 서브 장르로 여럿이 세분될 만큼 정의하기가 쉽지 않다. 때문에 이런 경우를 보면, 분단 영화라는 장르도 가능해 보인다. 서부극도 거칠게 정의하면 미국 서부를 배경으로 한 영화다. 그래서 분단으로 인해 발생한 모든 문제를 다루는 영화를 분단 영화로 정의하고, 그 안에 다시 서브 장르로 분단 전쟁 영화, 분단 서스펜스 스릴러, 분단 멜로드라마 등으로 분류할 수 있을 것이다.[24]

내가 분단 영화라는 장르에 대해 약간은 억지를 부리면

---

24   이런 분류는 마치 사극을 정의하는 것과 같다. 단지 과거를 배경으로 한 영화를 (역)사극이라고 하면서 그 안에 사극 멜로드라마, 사극 액션, 사극 궁중 드라마 등으로 나뉘는 것과 같다.

서 계속해서 언급하는 이유는, 분단 영화가 우리의 현실을 보여 주는 장르 가운데 하나라고 생각하기 때문이다. 여러 장르 가운데 분단 영화는 분단의 현실, 이로 인해 분열되고 파편화된 우리의 모습을 보여 줄 수 있기 때문에 현실과 밀접한 장르다. 해방 후 가장 큰 사건이었고 여전히 진행 중인 분단의 현실을 돌아보고 성찰하고 미래를 진단하고 예비할 수 있게 해주는 것이 분단 영화다.

강제규는 분단이라는 우리의 특수한 상황을 할리우드 스타일의 블록버스터 안에 담아서 〈한국형 블록버스터〉를 창조한 바 있다. 수많은 관객들이 영화를 보러 가는 현상을 통해 비평가나 이론가는 분단을 바라보는 동시대 대중의 생각을 읽을 수 있다. 분단 영화가 중요한 것은 영화에 재현된 모습이나 관객의 반응을 통해 분단에 대한 대중의 심리나 태도를 읽을 수 있기 때문이다.

분단 영화의 중요성은 여기서 그치지 않는다. 분단 영화야말로 한국의 특징을 가장 잘 담아낸 장르가 될 수 있다. 미국 할리우드가 서부 개척 과정을 서부극이라는 영화에 담아내고, 일본이 사무라이들의 칼싸움을 사무라이 영화로 만들어 낸 것처럼, 한반도의 가장 큰 특징인 분단을 영화 장르로 만들어서 우리만의 특징을 담아낼 수 있다. 분단 영화는 한국 영화가 세계 시장에 진출하는 데 중요한 무기가 될 수 있다. 분단 영화를 통해 한국인은 우리의 상황을 다시금 인식하게 되고, 외국인은 영화를 통해 한국의 상황을 이해할 수 있기 때문이다.

그런데 정말로 중요한 것은 따로 있다. 분단과 북한에 대한 대중의 심리를 영화를 통해 파악할 수 있는 것이 분단 영화지만, 거꾸로 생각하면 분단 영화의 가장 중요한 역할은 분단 영화가 분단으로 인해 발생한 민족의 아픔과 상처를 진솔하게 보여 줌으로써 분단과 전쟁, 반목과 대립을 넘어 평화, 더 나아가 통일을 지향하게 한다는 것이다. 분단 영화는 우리가 처한 상황을 냉정하게 직시하고, 어떻게 하면 우리가 더 평화롭고 안정된 나라에서 살아갈 수 있을지 고민한 결과에서 나온 것이다. 생각해 보라. 분단 때문에 발생한 아픔을 직시하거나, 외세의 대립 장이 된 현실을 고통스러워하거나, 분단으로 인해 발생한 독재의 핍박에 힘겨워하거나, 적어도 분단 때문에 개인의 자유와 인권이 유린당하는 현실에 가슴 아파하는 이들을 영화 속에 재현하다 보면 자연스럽게 분단을 넘어 평화를 지향하는 마음이 생기지 않겠는가. 결국 모든 분단 영화는 분단을 넘어 평화를 지향해야 한다.

이런 시각에서 2000년 이후 개봉한 영화 가운데 몇 편은 논의해 볼 만하다. 물론 많은 영화가 분단을 넘어 평화와 통일을 지향하지만, 분단된 남과 북을 형제로 설정해서 남한과 북한이 한 형제임을, 더 크게 보면 남한과 북한은 한 민족이라는 것을 메타포로 보여 주는 영화들이 있다.[25] 제목마저 한민족의 메타포인「의형제」, 남과 북이 힘을 합쳐 사건을 해결하는「공조」, (방법론에서는 논란이 있지만) 결국에는 한반도 평화 체제를 구축하는「강철비」등이 그렇다.

흥미롭게도 세 편의 영화에서 모두 남한의 주인공은 형이 되고, 북한 출신의 인물은 동생이 되는데, 서로 형 동생이라고 부르면서 우정을 맺는다. 심지어「강철비」에서는 이름마저 같은 철우다.

25   남과 북의 남녀가 연애는 가능하지만 결혼은 불가능하다는 설정을 통해 통일의 지난함을 이야기한 몇 편의 영화, 즉「쉬리」,「이중간첩」,「휘파람 공주」,「적과의 동침」,「그녀를 모르면 간첩」,「동창생」등도 평화와 통일을 지향하고,「웰컴 투 동막골」은 분단 이전의 원시 민족 공동체로 돌아가 행복을 꿈꾸고,「백두산」은 임무를 함께한 북의 아이를 남한에서 키우는 것으로 설정해 민족의 알레고리를 보여 주지만, 이런 영화들은 〈직접적으로〉 형제애와 한민족 메타포를 활용하지 않아 텍스트에서 제외했다. 또한 형제애를 그린 것으로 해석할 수 있는「공동경비구역 JSA」도 남과 북의 병사들의 우정을 비극적으로 그림으로써 통일의 어려움을 이야기하고 있어 텍스트에서 제외했다.

이제 세 편의 영화에서 남한과 북한이 어떻게 형제로 그려지는지, 그럼에도 갈등은 무엇이며 어떻게 해소되는지, 이 영화를 통해 우리는 무엇을 알 수 있는지 살펴보도록 하자.

2
형제애의 재현, 재현의 재구성

세 편의 영화 가운데 가장 먼저 개봉한 영화는 「의형제」다.
영화는 제목에서 이미 남한과 북한의 관계를 메타포적으
로 설정하고 있다. 혈육은 아니지만 의리로 맺은 형제다.
말 그대로 남한과 북한은 의리의 형제가 되어야 한다는 의
미다. 배경은 2000년의 서울이다. 주인공은 국정원 요원
이한규(송강호)와 남파 공작원 송지원(강동원)이다. 둘은
서울 한복판에서 발생한 의문의 총격전에서 스쳐 지나간
다. 남한으로 망명한 김정일의 육촌 동생이 북에서 내려온
암살 전문가 그림자(전국환)와 송지원에 의해 암살당한 현
장에서 이한규가 송지원을 보고, 송지원도 이한규를 얼핏
본 것이다. 그러나 이 사건으로 두 사람은 각자의 조직에서
버림받는다. 이한규는 암살을 막지도 못하고 암살자를 검
거하지도 못한 책임을 지고 (그리고 남북 정상회담 때문에

176

「의형제」의 한 장면. 영화는 제목에서 이미 남한과 북한의 관계를 메타포적으로 설정하고 있다. 혈육은 아니지만 남과 북이 의리의 형제가 될 수 있다고 말하고 있다. © SHOWBOX

국정원 인원을 줄이면서) 국정원에서 파면당하고, 지원은 살해 현장에서 배신한 다른 간첩으로 오해받아 배신자로 낙인찍힌다.

두 사람이 다시 만난 것은 6년 후인 2006년이다. 흥신소를 운영하면서 생계를 이어 가던 한규는 현상금을 노리고 베트남 수배자를 잡으러 갔다가 그곳에서 우연히 지원을 만난다. 두 사람은 각자 상대방이 자신을 모르는 줄 안다. 살해 현장에서 스쳐 지나갔기 때문이다. 이때 한규는 지원에게 흥신소 일을 함께 하자고 제안한다. 지원을 통해 그림자를 잡아 복직하려는 속셈이었다. 지원은 그의 제안에 응하는데, 그 역시 한규를 정탐해서 북에 자신의 결백을 주장하기 위해서다. 그야말로 동상이몽(同床異夢)이었다. 한규는 지원이 그림자에게 버림받았다는 사실을 모르고, 지원은 한규가 국정원에서 파면되었다는 사실을 모르는 상태다. 혼자 살고 있는 한규의 집에 지원이 들어와 살고 함께 일을 하면서 긴장감이 조성되지만, 얼마 지나지 않아 서로를 이해하기 시작한다. 이제부터 영화는 코믹한 상황과 멜로적 정서를 조금씩 뿌려 놓아 관객들의 심리를 편안하게 만들면서 마음속 깊이 파고든다. 그리고 결정적인 순간, 그들은 서로의 처지를 알게 된다. 즉 각자가 버림받았다는 사실을 알게 된 것이다. 이 말은 서로에게 활용 가치가 없다는 것을 깨달았다는 의미이기도 하다. 이제 어떻게 할 것인가?

「공조」는 「의형제」보다 조금 더 국가적인 이미지가 강하다. 즉 북한과 남한을 대표하는 인물들이 등장하며, 「의형제」처럼 국가로부터 버림받은 인물이 아니라 전적으로 신뢰를 받는 인물들이 국가의 명으로 임무를 수행하는 상황이다. 주인공은 북한 특수 정예 부대 출신의 형사 림철령(현빈)이다. 영화가 시작되자마자 북한의 모처에서 비밀리에 위조지폐를 만들고 있는 장면이 나온다. 그런데 특수 부대의 차기성(김주혁)이 위조지폐의 동판을 탈취하는 사건이 벌어진다. 그 과정에서 그는 림철령의 아내와 동료들을 죽이고 남한으로 잠적해 버린다. 이에 북한에서는 차기성을 잡기 위해 남한 측에 공조 수사를 요청하고 림철령을 서울에 파견한다. 겉으로는 3일간의 남북 고위급 회담을 개최한다는 명목을 내세웠다. 그러나 북한의 속내가 의심스러운 남한은 정직 처분 중인 형사 강진태(유해진)에게 림철령을 밀착 감시할 것을 지시한다.

이제 영화는 차기성을 잡고 동판을 되찾아야 하는 철령과, 철령을 감시하면서 공을 세워 복직과 승진을 꿈꾸는 진

「공조」의 남한 형사 강진태는 차기성을 수사하기 위해 북한에서 파견된 림철령을 감시하라는 지시를 받는다. © CJ ENM

태의 대결로 이루어진다. 특수 부대 출신인 철령은 동작이 매우 민첩하다. 그에 비해 진태는 박봉에 시달리지만 사람 좋은 형사다. 명동을 뒤지다가 차기성의 부하와 싸움이 벌어졌을 때 림철령은 강진태가 감히 쳐다보지도 못할 정도의 무술 실력을 뽐내면서 깡패들을 제압한다. 비슷한 상황에서 림철령이 차기성의 부하를 쫓느라 다른 곳으로 갔을 때, 림철령이 있는 줄 알고 기세등등하던 강진태는 죽을 고비를 넘기게 된다. 이처럼 둘은 캐릭터도 다르고, 목적도 다르고, 무술 실력도 다르다. 이렇게 다른 두 사람이지만, 림철령이 진태의 집에서 이틀 동안 지내면서 차츰 서로를 이해하게 된다. 처음에는 서로를 속이던 이들이 진실한 말을 하게 되고, 나중에는 목숨을 구해 주는 사이가 된다.

「강철비」[26]는 스케일이 큰 영화다. 영화를 한마디로 요약하면 북한에서 군부 쿠데타가 발생해 치명상을 입은 북한 1호가 남한으로 내려왔다는 설정이다. 영어 제목인 〈Steel Rain〉은 실제로 존재하는 클러스터형(形) 로켓 탄두의 별칭이라고 한다. 영화는 정찰총국장 리태한(김갑수)이 최정예 요원 엄철우(정우성)에게 위원장을 노린 쿠데타가 모의

26 「강철비」에 대한 해석은 내 책 『상처의 응시』(아모르문디, 2020)의 18~22면을 참조해서 정리했다.

중이라고 하면서 쿠데타 세력에 대한 암살 명령을 내리면서 시작된다. 그리고 개성 공단의 중국 기업 입주식에서 북한 1호가 테러를 당한다. 그 장면을 목격한 엄철우는 의식을 잃은 1호를 개성 공단의 승합차에 태워 남한으로 넘어온다. 이런 상황에서 북한은 대한민국과 미국을 상대로 선전포고를 하고, 남한은 계엄령을 선포한다. 남한과 미국은 북한 1호가 쿠데타로 사망했을 것으로 예상하고 있다.

한편 엄철우는 북한 1호를 치료하기 위해 한 병원에 들어가는데, 마침 청와대 외교 안보 수석 곽철우(곽도원)의 전 부인이 운영하는 곳이다. 눈치가 빠른 곽철우는 엄철우를 설득해 북한 1호를 안전한 곳으로 옮겨 치료받게 한다. 북한 1호를 매개로 남한은 북한과의 대화를 재개하고자 하고, 북한도 정말 북한 1호가 남한에 살아 있는지 여부를 확인하기 위해 회담에 응한다. 그러나 이 회담에서 북한의 최고위급 인사가 살해되면서 상황은 전쟁 직전으로 치닫게 된다.[27] 대강 줄거리만 봐도 「강철비」가 스케일이 무척이나 큰 영화라는 것을 알 수 있다. 남과 북이 전쟁 직전으로 가

27 「강철비」의 영화적 설정에서 이해하기 어려운 점 가운데 하나는 이런 것이다. 땅굴을 이용해 북한 요원들이 마치 안방 드나들듯 남한으로 넘어오고 도시에서도 총격전을 너무 쉽게 벌인다. 이런 상황이 과연 현실성이 있는지 의문이 들어 몰입을 방해한다.

니 미국, 중국, 일본의 대립과 그에 따른 눈치 보기도 치열하고 노골적이다. 이런 와중에 북한의 엄철우와 남한의 곽철우는 서서히 친해진다. 1호를 보호해서 북한으로 돌아가야 하는 엄철우와, 엄철우를 통해 많은 정보를 얻어 전쟁을 막아야 하는 곽철우는 점점 서로를 이해하게 된다. 물론 둘 다 전쟁을 원하지 않는다는 공통점이 있다. 영화 제목 〈강철비Steel Rain〉는 두 명의 철우를 상징하기도 한다.

이번에 살펴볼 세 편의 영화「의형제」,「공조」,「강철비」의 배경은 모두 서울이다. 꼭 서울이어야 하는 이유가 있을까? 한반도에서 서울이 중요한 이유도 있겠지만, 평양을 배경으로 하면 제작비도 많이 들고, 서사 전개도 쉽지 않을 것이다. 아무래도 서울이 관객들에게 익숙한 곳이라 유리한 측면도 있다. 이런 현실적인 고려 때문에 북한과 평양을 배경으로 하는 영화는 쉽게 만들어지지 않을 것이다. 통일이 된다면 상황이 달라질지도 모르겠다.

세 편의 영화에서 모두 남한의 주인공은 형이고 북한에서 온 주인공은 동생이다. 처음에는 적대자였으나 서로를 이해하기 시작하면서 형과 동생이 된다. 그런데 흥미로운 것은 남한의 형은 북한의 동생에 비해, 좋게 말하면 인간적이고 나쁘게 말하면 찌질이다.

「의형제」의 한규는 일방적으로 아내에게 이혼당했고, 아이도 재혼한 아내가 데려가 영국인 남편과 영국에서, 그것도 개명해 살고 있다. 그는 오피스텔에서 월세를 내며 궁색하게 살아가고 있다. 「공조」의 진태는 칼을 들고 덤비는 잡범을 놓쳐 정직을 당한 상태이고, 집에서도 아내와 딸, 심지어 처제에게도 인정받지 못한다. 그러니까 그는 직장에서도 집에서도 별로 환영받지 못하는 찌질이다. 「강철비」의 곽철우 역시 의사 아내에게 이혼을 당한 상태이고, 아이들과도 자주 만나지 못한다. 스스로를 〈땜빵〉 인생이라고 부르는 것처럼 그의 삶은 그리 긍정적이지 않다.

이에 비해 북한 인물의 캐릭터는 임무에 충실하다. 강동원이 연기한 「의형제」의 송지원, 현빈이 연기한 「공조」의 림철령, 정우성이 연기한 「강철비」의 엄철우는 가족에게 헌신적이고 자신의 임무를 목숨 걸고 수행하는 사람들이다. 이렇게 보면 이 영화들은 앞 장의 〈꽃미남으로 재현된 북한〉과 캐릭터 설정이나 서사 전개가 비슷하다는 공통점이 있다.

남한의 캐릭터가 가족에게 버림받거나 인정받지 못하고, 공동체를 위해서 일하기보다 자신의 출세를 위해 일한다면, 북한의 캐릭터는 전혀 다르다. 그래서 영화에는 코믹한 상황이 종종 등장하는데, 북한 사람이 자본주의와 서울 사정에 서툰 모습을 재현할 때에도 등장하지만, 대부분은 절도 있고 카리스마 있는 북한 요원과 대비되는 〈어설픈〉 남한 요원을 보여 주는 상황에서 발생한다. 이러한 대조와 대비가 북한 요원과 남한 요원의 특징을 보여 준다. 그렇다고 북한 요원이 긍정적인 것만은 아니다. 세 인물 모두 인간적인 남한 요원과는 전혀 다르게 살인 병기처럼 그려져 있다.

3
갈등 해결, 결합한 의형제

이제부터는 세 편의 영화들에서 남한과 북한의 요원들이 어떻게 갈등을 극복하고 결국 의형제의 단계로 나아가는지를 살펴보고자 한다. 이미 앞에서 언급한 것처럼 북한 요원이 가족이나 공동체, 또는 대의를 위해 자신을 희생하는 사람이라면, 남한 요원은 가족에게 버림받거나 인정받지 못하고 직장에서도 좋은 평가를 받지 못하며 공동체나 공공의 선에 대해서는 별 생각이 없는 이들이다. 이렇게 물과 불처럼 극명하게 다른 이들이 어떻게 의형제가 될 수 있는 것일까?

「의형제」에서 한규와 지원은 석 달 정도를 함께 살면서 서로를 이해하게 되고, 특히 상대를 오해하고 있었다는 것을 알게 된다. 그런 상황에서 2006년 북한의 핵 실험 소식이 알려지면서 남북 관계는 어두워지고, 이때 그림자가 다시 내려온다. 여기서 그림자는 두 사람 모두에게 중요하다. 한규는 그림자를 잡아서 복직하려 하고, 지원은 그림자와 함께 임무를 완수해 북한으로 돌아가 가족과 살려고 한다. 서로의 처지를 이해한다고 생각했지만, 그림자가 내려오면서 이들은 다시 갈등하게 된다. 그림자는 지원에게 그의 김정일 정치 군사 대학 때의 스승이었던 고위 탈북자를 암살하라는 지령을 내리고, 한규는 그림자를 잡으려고 한다. 자연스럽게 한규와 지원, 그림자가 대결하게 된다. 결국 피할 수 없는 곳에서 만난 세 사람. 지원은 한규를 칼로 찌른 후 그림자와 함께 옥상에서 떨어진다. 그러나 지원이 자신을 진짜 찌르지 않고 제스처만 취했다는 것을 안 한규는 아래로 내려가 그를 구하고 그림자를 사살한다. 이렇게 각자한 번씩 신세를 진 두 사람은 서로를 더 깊이 이해하게 되고, 마침내 이들은 의형제가 된다.

영화는 여기서 끝나지 않는다. 국정원에 복직한 한규에게 한 통의 편지가 온다. 그 안에는 영국행 비행기 비즈니스석 티켓이 들어 있다. 한규는 영국에서 지원과 그의 가족을 만난다. 둘이 환하게 웃으면서 영화가 끝나지만 사실 이장면을 이해하는 것은 무척이나 어렵다. 옥상에서 떨어져 크게 다친 지원이 언제 다 나았으며, 북한에 있는 가족들까

　　　　　　　6장 형제애, 한민족 메타포

지 데리고 나왔는지에 대한 설명이 전혀 없기 때문이다. 함께 임무를 수행하던 그림자가 죽으면 지원이 배신자로 낙인찍힐 수밖에 없는데, 그런 지원이 북한에서 가족을 빼내는 것은 불가능해 보인다. 게다가 간첩은 당연히 국정원의 조사를 받아야 한다. 심하게 다친 그가 무슨 돈으로 비즈니스석을 끊어 주고, 가족들과 다른 나라로 떠난단 말인가. 그래서 「의형제」의 결말은 다분히 판타지적이라고 할 수 있다. 남과 북의 분단과 대립을 현실적으로 그리던 영화는 갑자기 현실 법칙을 무시하고 판타지의 세계로 진입해 버렸다. 아마도 이런 설정은 남북 관계가 급격하게 악화되던 당시 상황에 대한 판타지적 해결이라고 할 수 있을 것이다.

가령 「공동경비구역 JSA」가 「의형제」의 초반 배경인 남북 정상회담이 열린 2000년에 개봉했지만 비극으로 끝났던 것과는 정반대의 상황이다. 「공동경비구역 JSA」가 화해의 시대에 제작되었지만 비극적 두려움을 드러냈다면, 「의형제」는 갈등의 시기에 만들어졌지만 판타지적 희망을 드러냈다고 할 수 있다.[28]

「공조」에서 철령은 진태의 집에 머물면서 진태의 아내와 딸, 처제를 보면서 인간적인 고민을 하게 된다. 가족을 이

28   김경욱, 앞의 책, 126~131면.

루었지만, 그래서 행복하지만 고되게 살아가는 진태의 모습은 북한에서 볼 수 없었던 모습이다. 순박하고 진솔하고 인간적인 모습. 이런 모습을 보면서 철령은 자신의 가족을 생각하게 된다. 그러면서 자신이 거짓말을 하지 않았다는 것을 진태에게 고백한다. 진태는 그런 철령의 말을 믿는다. 마지막 임무를 위해 철령이 진태 집에서 나갈 때 진태의 아내는 변변찮은 남편이지만 자신들에게는 소중한 사람이라며 잘 부탁한다고 말한다.

「공조」는 단지 동판을 찾는 일에 집중하는 영화가 아니다. 차기성이 머물고 있는 곳에 찾아간 철령과 진태는 마침내 동판을 찾지만 문제는 다른 곳에서 발생한다. 죽은 줄 알았던 차기성이 진태의 가족을 인질로 잡고 철령에게 동판을 가져오라고 한다. 울면서 전화하는 진태에게 철령은 걱정 말라고 한다. 이제 철령과 차기성의 마지막 대결이 펼쳐진다. 그리고 철령과 진태가 이겼지만, 둘은 동판을 버린다. 그 동판은 진태가 철령에게 주면서 북으로 가져가라고 배려했던 것이다. 이제 그들에게 중요한 것은 동판이 아니라 서로의 마음을 아는 것이고 죽을 고비에서 서로를 구해주었다는 동지애다. 이렇게 두 사람은 의형제가 되었다.

「강철비」에서 곽철우는 엄철우를 나름 배려한다. 두 사

6장 형제애, 한민족 메타포

람이 서로를 이해하게 되는 장면은 북한 1호가 살아 있다는 것을 매개로 열린 회담장으로 가는 길에서다. 엄철우의 손목에 수갑을 채우고 가던 곽철우는 국수집으로 들어간다. 국수를 허겁지겁 먹는 엄철우를 보면서 곽철우는 수갑을 풀어 준다. 그제야 엄철우가 며칠이나 굶었다는 사실을 알게 된다. 그 길에서 엄철우는 딸이 좋아하는 지드래곤의 노래를 함께 듣고, 비록 남한과 북한이 갈라져 있지만 정서는 같다는 것을 알게 된다. 자식과 말이 잘 통하지 않는 아버지의 입장에서도 그들은 서로 통했다.

엄철우는 자신이 믿었던 리태한이 쿠데타의 주역이라는 사실을 알고 나서 심정적으로 동요한다. 군부가 전쟁을 일으킬 거라는 사실도 새삼 곽철우에게 알려 준다. 그리고 엄철우는 북한 1호가 지니고 있던 시계가 핵폭발 장치라는 것을 역이용해 그 시계를 차고 북한 수뇌부를 만나러 간다. 땅굴 입구까지 가는 길에 곽철우가 준 카드로 아내와 딸에게 선물할 옷을 산다. 그리고 기회가 되면 전해 달라며 주소를 적어 준다. 이후 쿠데타 주역들의 벙커를 타격해 그들을 진압하는 데 성공하지만 엄철우는 죽는다. 특사로 평양을 방문한 곽철우는 엄철우의 집을 찾아가 그의 가족에게 옷을 전한다. 곽철우에게 자기 자식이 소중한 것처럼 엄철우에게도 처자식이 소중하다. 이런 행동을 통해 두 사람은 의형제가 되었다.

세 편의 영화에는 공히 남한 요원이 형이고 북한 요원이 동생으로 설정되어 있다. 이것을 어떻게 이해해야 할까? 더욱 기이한 것은 북한 요원은 (이미 앞에서 설명한 것처럼) 가정을 소중히 여기고 공동체를 위해 기꺼이 희생하고자 하는 마음이 강하지만, 남한 요원은 이들과 대비될 정도로 개인적이다. 이를 이해하기 위해서는 영화에 재현된 북한에 대해 고민해야 한다. 영화에서 갈등은 대부분 북한을 둘러싸고 벌어진다.

「의형제」에서 지원은 충실히 임무를 수행하지만 버림받는 처지가 된다. 북한의 전략에 따라 그는 살아날 수도 있고 죽을 수도 있다. 결국 지원은 북한에 소속된 하나의 작은 분자일 뿐이다. 「공조」의 북한은 철령에게 가혹하다. 철령을 고문하고 직접 가서 차기성을 잡아오라고 지시한다. 그러나 결정적인 순간에 수뇌부는 철령을 이해한다. 「공조」가 기존의 영화와 확연히 구별되는 지점은 바로 이 부분이다. 철령은 북한으로 돌아가서 정상적인 생활을 한다. 「강철비」의 북한은 쿠데타가 발생하는 곳이고 독재 국가이며 호전적인 국가다. 인민을 함부로 학살하는 곳이기도 하

다. 그래서 엄철우는 군부에 맞서 자신을 희생한다. 이처럼 「공조」를 제외하면 북한은 매우 어두운 이미지로 재현되어 있다. 「공조」에서도 북한이 위조지폐를 만들고 사람을 함부로 고문하는 곳으로 재현된다는 것을 고려하면(그럼에도 차기성이라는 악당이 북한을 탈출하는 것으로 재현되어 다른 영화와 분명히 구분된다), 영화는 북한을 암울한 독재 국가로 그리고 있다. 게다가 살인 병기를 남한으로 파견하는 곳이다.

이런 북한을 형으로 설정하는 것은 쉽지 않다. 의형제로 설정한다는 것은 같은 민족의 형제라는 의미인데, 이때 북한을 형으로 설정하면 남한은 자연스럽게 동생이 되고, 동생은 형을 따라야 하므로 필연적으로 문제가 발생한다.[29] 그래서 민주주의가 발달해 개인의 자유와 행복이 보장되고, 자본주의가 발달해 부를 누릴 기회가 많은 남한이 형이

29   이런 점에서 매우 기이한 영화는 「공동경비구역 JSA」이다. 이 영화에는 북한 병사 오경필(송강호)이 형으로 설정되어 있고 남한 병사 이수혁(이병헌)이 동생으로 그려져 있다. 그리고 오경필만 살아남는다. 이 영화 역시 형·동생이 통일에 대한 메타포로 등장하지만(가령 이수혁이 오경필에게 내려가자고 하는 장면) 민족적 자존심을 지킨, 경험 많은 형이 동생을 보호하려고 하는 설정이라 텍스트로 삼은 영화와는 분명 다르다. 물론 그럼에도 이 영화의 설정을 이해하는 것은 어렵지 않다. 남한에서 북한으로 건너가기 때문에 포용해 주는 형이 필요한 것이다.

되어야 한다. 반면 전통적 가치인 가족이나 공동체를 위해 인내하고 희생하는 정신을 아직 간직하고 있는 북한이 동생이 되어야 한다. 그래서 (의도한 것인지는 모르겠지만) 세 편의 영화에서 그리고 있는 형제는 통일의 메타포가 된다. 남한의 제도와 부를 중심으로 하면서 북한의 전통적인 정신과 융합하는 것. 그럼에도 그들은 끝내 남한에서 함께 살지 못한다. 「의형제」의 지원 가족은 남한을 떠나고(영국으로), 「공조」의 철령은 아내도 없는 북한으로 돌아가고, 「강철비」의 철우는 자신을 희생한다. 언제쯤 함께 살아갈 수 있을까? 언제쯤 그런 영화를 볼 수 있을까?

4
가족주의의 재현, 그리고 희생

세 편의 영화에서 남한과 북한의 요원들이 서로 마음을 여는 계기는 가족에 대한 이해에서 비롯되었다. 「의형제」에서 지원은 한규가 이혼한 뒤 외롭게 살아가는 모습을 보고 측은지심과 역지사지의 심정을 느끼게 되고, 한규는 북에 있는 가족을 데려오기 위해 자수도 못하고 마냥 기다리고 있는 지원을 깊이 이해하게 된다. 그래서 추석날 각자 자기 조상에게 제사를 지내고 진실을 말하기로 한다.

「공조」에서 철령이 진태를 이해하게 되는 것은 그의 집에서 3일 동안 머물면서 가장의 고달픔과 가족의 사랑을 느꼈기 때문이다. 처제(임윤아)가 철령에게 사랑을 느끼지만 두 사람이 맺어지기 어려운 것은 철령에게 깊은 상처가 있기 때문이다. 그가 차기성을 잡으러 남한으로 온 것은 동판이 아니라 자신의 아내와 동료를 죽인 원수를 갚기 위해서다. 진태가 철령을 이해하게 되는 것도 철령이 임신 중이던 자신의 아내가 살해당한 이야기를 털어놓았기 때문이다. 그래서 철령은 진태의 가족을 구해 준다.

「강철비」에서 엄철우에게 가장 소중한 것은 가족이다. 북한에서 철우는 가족을 지키기 위해 임무를 수행한다. 정찰총국장이 엄철우에게 암살 임무를 잘 수행하면 쿠바 대사관으로 보내 준다고 약속했기 때문이다. 그는 이미 암 말기인지라 가족이 독재와 억압에서 벗어나 조금이라도 안전한 곳에서 살기를 원했다. 엄철우는 곽철우에게 전 부인과 왜 이혼했느냐면서 진심으로 걱정해 준다. 엄철우는 결국 죽고 곽철우가 대신 그의 가족을 만난다. 사실 이 영화에서 의문인 것은 쿠바 대사관 발령을 약속한 사람은 쿠데타를 일으킨 정찰총국장인데, 엄철우가 죽은 후 그의 가족이 쿠바 대사관으로 간다는 것이다. 희생된 엄철우의 가족 사랑을 그리기 위해 그렇게 재현한 것 같다.

이렇게 간략하게만 살펴봐도 세 편의 영화에서 가족주의는 매우 공고하다는 것을 알 수 있다. 북한 요원은 가족을 위해 임무를 수행하고 목숨을 버리기까지 한다. 이에 비해 남한 요원은 이혼당했거나 가정에서 그리 환영받지 못하는 존재다. 이런 설정을 보면 북한 사회는 가족주의가 공고하고 남한 사회는 그렇지 않은 것으로 여길 수도 있다.

그러나 천만 이상이 관람한 영화들을 보면 전혀 다른 양상을 알 수 있다. 「7번 방의 선물」(이환경, 2013), 「명량」(김한민, 2014), 「국제시장」(윤제균, 2014), 「부산행」(연상호, 2016) 등에서는 아버지가 가족을 위해 희생하거나 목숨 걸고 싸우는 현실이 그려져 있다. 이런 점을 염두에 두면 북한 요원을 통해 재현된 가족주의는 천만 영화의 가족주의와 다르지 않다는 것을 알 수 있다. 만약 이 말이 맞는다면, 세 편의 영화는 의도적으로 북한의 가족주의를 강조하고 남한의 가족주의를 약화시켜 남한보다 북한에 공고한 가족주의를 전면화하고 있다고 봐야 한다. 그리고 이들 영화는 이런 가족주의가 남한과 북한에서 다르지 않다는 사실을 보여 주는 동시에, 그런 가족주의를 바탕으로 한민족 메타포를 영화 속에 재현하고 있다고 볼 수 있다.

나가는 말

류승완의 신작 「모가디슈」(2021)를 보면서 두 영화를 떠올렸다. 이민용 감독의 「인샬라」와 김성훈 감독의 「공조」가 그것이다. 왜 남북을 재현한 수많은 영화 가운데 두 편이 떠올랐을까?

「인샬라」는 「모가디슈」와 마찬가지로 모로코에서 촬영했지만 영화적 배경은 알제리다. 사하라 여행 중 밀수범으로 몰린 이향(이영애)이 (남한과 비수교국인) 알제리에 억류되었을 때 (알제리와 수교국인) 북한의 교관 승엽(최민수)이 그녀를 구해 준다. 승엽은 이향이 알제리를 벗어날 수 있도록 도와준다. 나중에 그녀가 여전히 알제리에 있다는 것을 알고 돌아와서는, 그녀와 함께 사하라 사막을 건너 다른 나라로 탈출하는 여행을 시작한다. 그러나 여행 중 강도를 당해 사막에 둘만 남겨지고, 이런 상황에서 이들은 깊

은 사랑을 나눈다. 천신만고 끝에 사막을 건너 대한민국 대
사관 앞에 도착했으나 이들 앞에는 이별이 기다리고 있다.
이향은 귀국하는 비행기에 홀로 앉아 있다.

이렇게 줄거리만 간단하게 소개했음에도 「인샬라」는
「모가디슈」와 많은 부분 닿아 있다는 것을 알 수 있다. 알제
리를 소말리아로, 사하라 사막을 소말리아의 내전 상황으
로, 이향과 승엽을 한국 대사관 직원과 북한 대사관 직원으
로 바꾸면, 영화의 서사는 비슷하다. 아프리카 오지에서 남
과 북의 사람들이 만나 함께 어려움을 이겨 내지만 결국 헤
어져야만 한다. 다만 한 영화는 멜로드라마로 전개되고, 다
른 영화는 재난 영화 컨벤션 안에 역동적으로 그려졌다는
차이가 있을 뿐이다.

두 영화에서 가장 많이 닿아 있는 부분은 엔딩이다. 「인
샬라」에서 죽음의 사막을 건너면서 뜨거운 사랑을 나누었
던 두 사람은 대한민국 대사관 앞에서는 아무런 말도 없이,
미래를 기약하지도 못한 채 헤어진다. 울고불며 매달리지
도 않고 담담하게 이별을 받아들인다. 「모가디슈」의 결말
도 마찬가지다. 모가디슈를 탈출해 케냐의 공항에 도착한
이들은 비행기 안에서 짧은 이별을 고한다. 남한 요원과 북
한 요원이 기다리는 공항에서는 서로 모르는 사람처럼 헤

어진다. 이 장면이 기이한 것은 실제 사건에서는 탈출 후 공항에서 남과 북의 대사관 직원들이 서로 부둥켜안고 뜨거운 동포애를 나누기 때문이다. 실화를 각색하면서 왜 현실과 다른 엔딩으로 바꾼 것일까? 혹시 지난 30년 동안 남북 관계가 변화하거나, 지금 남한이 북한을 바라보는 시선이 바뀐 것은 아닌지 생각해 볼 일이다.

한편 「공조」가 떠올랐던 것은, 「모가디슈」에서도 남과 북이 합작해 결국에는 목표를 성취하기 때문이다. 서로 적대하는 남한과 북한이 〈공조〉한다는 것은 상상하기 어렵다. 전쟁을 치렀고 끝없는 갈등과 반목의 연속이었기 때문에, 무엇보다 적대 이데올로기가 강하게 작동하고 있기 때문에 개인 간의 만남이 금지된 상황에서 공동으로 일을 도모하는 것은 통념을 벗어난다. 「공조」는 감히 상상할 수도 없는 일, 말 그대로 남한과 북한의 공조라는 비현실적인 이야기를 다루기 때문에 코미디로 재현하긴 했지만, 매우 혁신적인 영화인 것은 분명하다.

「공조」에서 남한의 형사 강진태(유해진)와 북한의 형사 림철령(현빈)의 자리에 한국 대사관의 한신성 대사(김윤석)와 북한 대사관의 림용수 대사(허준호)를 넣으면 「모가디슈」와 스토리는 비슷해진다. 「공조」에서 남한에 온 북한 형사를 포용한 것처럼, 「모가디슈」에서는 한국 대사관으로 찾아온 북한 대사관의 직원을 기꺼이 포용해 준다. 처음에는 서먹하지만 이들은 내전 중인 소말리아를 탈출한다는 공동의 목표를 위해 손을 잡는다. 이들이 서서히 마음을 여는 모습을 류승완은 식사 장면에서 보여 준다. 한국 대사의 부인이 젓가락으로 깻잎을 한 장 집으려 하는데 잘 떨어지지 않자 북한 대사 부인이 젓가락으로 이를 잡아 준다. 대사 한 마디 없이 이들이 앞으로 협력하리라는 것을 보여 주는 좋은 장면이다. 당뇨를 앓고 있는 북한 대사에게 역시 당뇨를 앓고 있던 한국 대사관 직원이 인슐린을 나눠 주는 모습도 내부의 화합을 보여 주는 좋은 장면이다.

「공조」의 적대자는 차기성(김주혁)이다. 그는 북한에서 위조지폐 동판을 탈취해 서울로 잠입한다. 북한에서는 그를 잡으려 하고, 남한 정부도 이에 협조한다. 흥미롭게도 「공조」에서 남북이 공조하는 것은 북한 체제에서 이탈한 세력을 제거하기 위함이다. 이것은 남한이 여전히 북한을 위험한 세력이라고 판단하는 근거가 된다. 그런데 「모가디슈」의 적대자는 소말리아 내전이다. 남한과 북한의 대사관 직원들은 힘을 합쳐 소말리아를 탈출한다. 물론 그 사이에 안기부 출신의 정보 요원 강대진 참사관(조인성)이 북한 직원들을 전향시키려 공작을 펼치지만 유야무야된다. 흥미롭게도 북한 직원들은 숫자가 더 많음에도 남한 직원들에게 나쁜 짓을 하지 않고, 함께 탈출할 길을 찾는다. 게다가 태준기 참사관(구교환)은 무술을 그리 잘하지 못하는데, 이는 2000년대 이후 북한 재현 영화에서 북한 요원들이 거의 살인 병기에 가깝게 묘사되는 것과 다른 점이다. 정보 요원임에도 「의형제」, 「은밀하게 위대하게」, 「용의자」, 심지어 류승완의 「베를린」과도 다르게 재현한 것이다. 그만큼 북한 사람을 인간적으로 그렸다고 할 수 있는데, 이것을 어떻게 바라볼 것인가? 북한을 위험한 세력이 아니라 도와주어야 할 대상으로 바라보는 것인가? 생각해 볼 일이다.

「모가디슈」를 류승완의 작가론적 시각에서 보면 역시 두 편의 영화가 떠오른다. 「군함도」(2017)와 「베를린」이다. 왜 류승완의 많은 영화 가운데 두 편이 떠올랐을까?

「군함도」는 〈탈출 영화〉다. 한반도에서 군함도로 끌려온 조선인들이 바라는 것은 단 하나, 군함도를 탈출하는 것이다. 군함도의 탄광은 지옥도라는 이름에 걸맞게 끔찍하고, 그곳에서의 삶은 인간의 삶이 아니다. 미군의 폭격이 시작되자 일본군은 조선인을 총알받이로 쓰거나 증거 인멸을 위해 그들을 몰살하려 한다. 이제 조선인들은 목숨을 건 탈출을 감행하는데, 그 안에는 배신자도 있고 협력자도 있고 저항파도 있다.

「모가디슈」는 많은 점에서 「군함도」를 연상시킨다. 거리 곳곳이 파괴되었고 반군과 정부군이 민간인을 마구 학살하는 모가디슈는, 도저히 벗어날 수 없는 작고 폐쇄된 섬 군함도와 다르지 않다. 북한 대사관의 직원들은 피신처로 여겼던 중국 대사관이 반군에게 점령당하자, 한국 대사관으로 가서 받아 달라고 애원한다. 그들에게는 달리 갈 곳이 없기에 자존심마저 버린 것이다. 이때 모가디슈의 반군은 거의 좀비처럼 재현되어 있다. 밤에 무자비하게 학살을 일삼는 사람들, 죽여도 죽여도 다시 살아 돌아와 학살을 하는 이들. 그래서 모가디슈의 밤은 무섭고 처참하다.

「군함도」의 주인공인 강옥(황정민)은 어린 딸 소희(김수안)를 남긴 채 죽고, 조선으로 돌아가 함께 살고 싶었던 칠성(소지섭)과 말년(이정현)도 모두 죽는다. 「군함도」가 비판받았던 부분 가운데 하나는, 일제강점기의 가장 잔혹한 징용의 현장을 다루면서도 신파적 정서를 극대화했다는 것이다. 신파적 정서가 강하다 보니 잔혹한 일제의 참상이 상대적으로 덜 부각되는 면이 있었다.

「모가디슈」는 다르다. 신파적 정서를 극대화할 수 있음에도 류승완은 그렇게 하지 않았다. 이미 앞에서 언급한 것처럼 케냐 공항에서 헤어질 때조차 남과 북의 직원들은 정보 요원들의 눈을 피해 각자의 버스에 오르고 이후 눈길조차 주고받지 않는다. 모가디슈에서 함께 머물다 탈출할 때에도 민족적 정서를 강조하지 않는다. 「의형제」나 「강철비」처럼 남과 북을 형제적 메타포로 설정하지도 않는다. 그런 설정이 없으니 헤어질 때에도 감정적 동요가 일어나지 않는다. 이것은 류승완의 영화적 세계관이 변화한 것인가? 생각해 볼 일이다.

「베를린」이 떠올랐던 것은 「모가디슈」의 설정이 외국 공간에서 남과 북이 대결하다가 협력하는 내용이기 때문이다. 「베를린」에서는 내내 긴박한 상황이 전개된다. 제목에서 알 수 있는 것처럼 분단의 상징이었던 도시, 베를린에서 펼쳐지는 숨 막히는 첩보전이 영화의 핵심이다. 국정원 요원 정진수(한석규)는 북한의 무기 밀매를 추적하다 북한 비밀 요원 표종성(하정우)의 존재를 알게 되고, 북한 내부에서 암투가 벌어지고 있다는 사실도 알게 된다. 표종성을 제거하기 위해 파견된 북한 실세의 아들 동명수(류승범)는 표종성의 아내 련정희(전지현)를 반역자로 몰아간다. 정진

「베를린」의 한 장면. 이 영화의 배경은 비록 베를린(분단의 상징)이지만, 남과 북의 문제를 다루기보다는 첩보 액션 영화의 쾌감을 선사하는 데 집중하고 있다. © CJ ENM

수와 동명수에게 공히 쫓기는 표종성은 결국 정진수와 손을 잡게 되는데, 남과 북의 협력이 이루어진 것이다.

「모가디슈」는 「베를린」의 스케일을 그대로 가지고 왔다. 「베를린」이 그랬던 것처럼, 소말리아의 수도이자 영화 제목으로 쓰인 모가디슈에서 촬영하거나 그 도시와 비슷한 외국에서 촬영했다. 추격 영화의 재미를 더하기 위해 숨 막히는 차량 액션 신을 결말 부분에 넣고, 사이사이에 총격 신이 숱하게 등장한다. 이국적인 장소에서 펼쳐지는 남과 북의 대결을 보는 관객은 결국에는 남과 북이 같은 민족이라고 느끼게 된다. 남한과 북한은 외모도 비슷하지만 결정적으로 같은 언어를 사용하기 때문에 쉽게 의사소통할 수 있다. 그만큼 관객의 동일시가 쉽다는 장점이 분명 존재한다.

「베를린」은 남과 북의 문제를 다루기보다는 「본」 시리즈와 비슷한 쾌감을 선사하는 〈추격 영화〉다. 정보기관 요원의 추격 장면은 관객에게 스릴을 만끽하게 하는데, 이것이 흥행의 한 요인이었을 것이다. 하지만 「모가디슈」는 실화를 바탕으로 하기에 이미 정해진 탈출의 길을 간다. 이런 경우 서사 중심으로 전개되다 보니 캐릭터가 살아나지 못하는 단점이 있다. 한국 대사관 직원 여섯 명은 각자 뚜

렷한 캐릭터를 갖고 있지만, 북한 대사관 직원 가운데 인물의 특징이 드러나는 경우는 림용수 대사와 태준기 참사관뿐이다. 이 두 인물도 한신성 대사와 강대진 참사관과 짝을 이루기 위해 만들어졌을 뿐이다. 수적으로는 북한 쪽 인물이 훨씬 많지만 대사도 거의 없고 캐릭터도 약하다. 공항에서 이들이 헤어지는 장면에 멜로적 정서가 들어가지 않은 것은 캐릭터의 실패와 관련이 있지 않을까? 특징도 없고 대사도 없는 인물들이 갑자기 감정을 토로하면 관객이 받아들이기 어려울 수밖에 없다. 그리고 소말리아를 배경으로 하고, 소말리아의 여러 인물이 등장하지만 그들 모두 성격이 지나치게 단순하다. 대사의 운전기사는 왜 반군인지, 그의 죽음이 어떤 의미가 있는지에 대해서는 전혀 언급하지 않는다. 「베를린」과도 명확히 비교되는 이 특징을 어떻게 이해해야 하나? 혹 이런 시선은 우리 안의 제국주의적 시선과 닿아 있지는 않을까?

이렇게 한 편의 영화에는 다층적인 해석 지점이 있다. 단순하지 않은 것이다. 그런 영화를 어떻게 해석할지 평론가들은 항상 고민한다. 「모가디슈」는 북한인을 살인 병기가 아니라 인간적인 모습으로 그렸다는 점에서는 호평을 받을 수 있지만, 그들의 캐릭터를 제대로 구축하지 않았다는 점에서는 비판이 나올 수 있다. 남북을 그리면서도 동포애를 직접적으로 강조하지 않은 것은 세련된 기법으로 칭찬받을 수도 있지만 밋밋하다는 비판을 받을 수도 있다. 결국 이 모든 평가는 동시대를 살아가는 관객의 몫일지도 모른다. 관객의 반응을 통해 그 시대가 북한을 적절한 방식으로 재현했는지 평가할 수 있다. 영화는 대중의 욕망이 드러나는 미묘한 지점이다.

참고문헌

단행본

- 강성률, 『상처의 응시』, 아모르문디, 2020
- 강성률, 『한국영화에 재현된 가족 그리고 사회: 「미몽」에서 「고령화가족」까지』, 성균관대학교 출판부, 2018
- 건국대학교 통일인문학연구단, 『영화 속 통일 인문학: 대중문화로 본 역사적 트라우마의 치유』, 씽크스마트, 2018
- 김경욱, 『나쁜 세상의 영화사회학: 21세기 한국 영화와 시대의 증후』, 강, 2012
- 배리 랭포드, 『영화 장르: 할리우드와 그 너머』, 방혜진 옮김, 한나래, 2010
- 유현목, 『예술가의 삶: 영화인생』, 혜화당, 1995
- 원용진, 『새로 쓴 대중문화의 패러다임』, 한나래, 2010
- 정영권, 『적대와 동원의 문화정치: 한국 반공 영화의 제도화 1949~1968』, 소명출판, 2015
- 정희진, 『혼자서 본 영화』, 교양인, 2018
- 허문영, 『세속적 영화, 세속적 비평』, 강, 2010

논문 및 잡지

- 권현정, 「영화 〈님은 먼 곳에〉에 드러난 베트남 전쟁의 젠더 재현 양상 연

구」,『여성학연구』26권 1호, 2016

- 김경욱,「〈강철비〉와 北 소재 영화의 스테레오타입」,『프레시안』, 2018년 1월 26일(http://www.pressian.com/news/article.html?no=18396 5#09T0)

- 김경욱,「〈청년경찰〉, 웃으며 보는 차이나타운의 지옥도」,『프레시안』, 2017년 9월 21일(http://www.pressian.com/news/article.html? no=170290#09T0)

- 김경욱,「너무도 폭력적인 〈범죄도시〉, 관객은 왜 찾는가」,『프레시안』, 2017년 11월 3일(http://www.pressian.com/news/article.html?no= 174516&utm_source=daum&utm_medium=search#09T0)

- 김충국,「분단과 영화: 봉합의 환상을 넘어 공존의 실천으로」,『한국민족 문화』, 2014

- 박유희,「한국형 전쟁 영화: 흉터로 남은 사내들」,『영화평론』24호, 2011

- 박유희,「고립된 전사, 경계의 타자: 탈냉전시대 한국전쟁 영화에 나타난 〈북(北)〉의 표상」,『민족문화연구』58호, 2013

- 백문임,「〈탈이념〉의 정치학: 〈쉬리〉, 〈간첩 리철진〉, 〈공동경비구역 JSA〉」,『공동경비구역 JSA』, 연세대 미디어아트연구소 엮음, 삼인, 2002

- 오영숙,「탈북의 영화적 표상과 공간 상상」,『영화연구』51호, 2012

- 이현진,「분단의 표상, 간첩: 2000년대 간첩영화의 간첩 재현 양상」,『씨 네포럼』제17호, 2013

지은이 **강성률** 서울시립대학교 국문학과를 졸업하고 동국대학교 대학원 연극영화학과에서 석사와 박사 학위를 받았다. 한국영화학회와 한국영화평론가협회 이사, 대종상·백상예술대상·전주국제영화제 심사위원, 인천영상위원회와 아리랑씨네센터 자문 등을 지냈다. 2008년부터 광운대학교 동북아문화산업학부에서 문화 이론과 비평, 한국 영화 등을 가르치고 있으며, 계간『영화가 있는 문학의 오늘』편집위원을 맡고 있다.

저서로는『하길종, 혹은 행진했던 영화 바보』(2005),『영화는 역사다』(2011),『친일 영화의 해부학』(2012),『은막에 새겨진 삶, 영화』(2014),『한국의 영화 감독 4인을 말하다』(2015),『영화 비평: 이론과 실제』(2016),『영화 색채 미학』(2017),『한국영화에 재현된 가족 그리고 사회』(2018),『상처의 응시』(2020) 등이 있다.

손안의 통일 ⑬

스크린으로 만나는 한반도

발행일   2021년 12월 30일 초판 1쇄

지은이   강성률
발행인   홍예빈·홍유진
발행처   주식회사 열린책들

경기도 파주시 문발로 253 파주출판도시
전화 031-955-4000 팩스 031-955-4004
www.openbooks.co.kr

ISBN 978-89-329-2197-6 04300 ISBN 978-89-329-1996-6 (세트)